LES CÉRÉALES

ET

LA DOUANE

PAR

DU MESNIL-MARIGNY

MEMBRE DE LA SOCIÉTÉ D'ÉCONOMIE POLITIQUE DE PARIS
ET DE PLUSIEURS ACADÉMIES

PARIS
LIBRAIRIE AGRICOLE DE LA MAISON RUSTIQUE
26, RUE JACOB, 26

1866

LES CÉRÉALES

ET

LA DOUANE

LES CÉRÉALES

ET

LA DOUANE

PAR

DU MESNIL-MARIGNY

MEMBRE DE LA SOCIÉTÉ D'ÉCONOMIE POLITIQUE DE PARIS
ET DE PLUSIEURS ACADÉMIES

PARIS

LIBRAIRIE AGRICOLE DE LA MAISON RUSTIQUE

26, RUE JACOB, 26

1866

INTRODUCTION

Il va être procédé, dans nos départements, à une enquête sérieuse, approfondie, complète, sur la question aujourd'hui si palpitante des céréales, et même des divers autres produits agricoles. Pour qu'elle soit fructueuse, efficace, il est indispensable que toutes les idées puissent se manifester, que toutes les opinions soient entendues, tous les systèmes examinés. Ce n'est qu'à cette condition qu'elle atteindra le but qu'on s'est proposé.

On fait donc sommation, pour ainsi dire, à toutes les lumières, d'avoir à se produire. — Quelque faibles, quelque pâles que soient celles dont nous disposons, nous croirions manquer à nos devoirs de citoyen en ne nous rendant pas à cet appel. Nous avons donc cru satisfaire à une obligation des plus impérieuses en traçant les lignes que l'on va lire.

Dans ce livre, qu'on ne s'y méprenne pas, nous n'avons pas eu l'intention de procéder *ab ovo* et de faire un cours synthétique d'économie politique. Nous avons voulu seulement constater, vérifier certains résultats qui nous ont paru nouveaux, et les appliquer à l'éclaircissement de la question à l'ordre du jour.

Ajoutons que ces résultats offrent encore un grand intérêt : ils tendent à fixer les appréciations des économistes sur quantité d'autres points de la science demeurés indécis jusqu'à ce jour.

Bien que partisan du libre échange en ce qui concerne les céréales, il s'en faut que nous soyons un fanatique sectaire de cette doctrine, et que nous voulions la faire adopter à tous les peuples, sans distinction aucune de leur position géographique, de leur état de civilisation, de leur aptitude industrielle. Nous restons profondément éclectique, sans système absolu, cherchant les bonnes mesures partout où elles se trouvent, nous adressant dans ce but aussi bien au libre échange qu'à la protection ; toutefois, nous devons en prévenir le lecteur, ces pages sont destinées à démontrer qu'à l'égard des céréales, cette dernière doit entièrement s'abstenir.

On ne saurait nier que l'économie politique n'ait pour base le libre échange; mais elle se fonde sur cette base comme tout bon système politique sur le libre arbitre individuel. — Qu'adviendrait-il si l'homme, abandonné à son initiative passionnelle, n'avait ni lois, ni juges, ni administrateurs pour lui imposer ce qu'il se doit à lui-même et ce qu'il doit aux autres? N'assisterait-on pas fatalement au triomphe de l'astuce et de la violence, triomphe souverainement destructif de la vraie liberté? Aussi toute société bien organisée a-t-elle des institutions qui restreignent le libre arbitre, en réprimant la ruse et la violence dans leurs actes abusifs!

Ce que nous venons de dire s'applique

identiquement à l'économie politique. Les échanges (nous l'avons fait remarquer des premiers) sont toujours entachés d'une inégalité réelle, souvent énorme, relativement aux deux groupes de personnes qui ont participé à la confection et à la négociation de chaque objet permuté. Il en résulte, comme nous le verrons (1), qu'à la suite de marchés passés entre deux nations échangeant entre elles des marchandises constamment de la même nature, il peut arriver que l'une améliore à peine sa condition misérable, tandis que l'autre est susceptible de s'enrichir en peu de temps.

On doit donc se tenir en garde contre certains échanges internationaux, et, dans le but de se mettre à l'abri des conséquences désastreuses qui pourraient s'en-

(1) Voyez ch. I.

suivre, prélever des droits convenables à l'importation sur telles ou telles marchandises de l'étranger.

Avons-nous à redouter quelque préjudice des céréales du dehors? Faut-il les frapper de taxes à leur entrée dans nos ports? — Nous démontrerons qu'une pareille mesure, bien loin d'être favorable à notre pays, lui causerait un double dommage : elle élèverait d'une part le prix de la nourriture essentielle du pauvre, et d'autre part elle ferait accroître les salaires, résultat tout particulièrement nuisible à l'industrie proprement dite, qui, d'après nous, comme il sera facile de le démontrer, est la grande source où l'agriculture va puiser son bien-être, sa prospérité, sa richesse.

Ajoutons, et on paraît l'oublier trop facilement, que des droits protecteurs doivent être seulement établis dans l'intérêt général, et non pas lorsqu'on a pour unique visée de favoriser une classe de citoyens aux dépens d'une autre. Et en taxant les céréales étrangères dans le seul désir d'accroître les rentes des producteurs de grains, on commet à plaisir une injustice, et on porte atteinte, par l'effet de cette mesure, au pays tout entier.

Si la nature des échanges, par les inégalités de profit qui en résultent pour chacun des contractants, peut donner à quelques citoyens une grande prépondérance de fortune, d'où vient, nous dira-t-on, qu'un gouvernement équitable, paternel, ne réglemente pas tous les marchés, en les équilibrant au moyen de balances aussi exactes que possible? — La raison en est bien simple: — l'activité, l'énergie, l'habileté, l'intelligence, sont filles de la liberté des transactions. Dès lors ne serait-ce pas vouloir abâtardir un peuple que d'anéantir chez lui cette liberté? Est-ce que l'ignorance, l'insouciance et la paresse n'y pulluleraient pas de toutes parts?

Du reste, les inconvénients, les faibles désordres, qui sont la conséquence du libre échange intérieur, n'ont rien de très-fâcheux pour une nation. En effet, ne doit-il pas lui être indifférent, jusqu'à un certain point, que l'un de ses membres soit froissé dans un troc quelconque au profit d'un compatriote, puisqu'en définitive il n'y a qu'un déplacement de richesse, et que cette richesse ne sort pas du territoire?

Il n'en est pas de même lorsque les échanges s'effectuent de peuple à peuple. Il s'opère alors, à l'égard des capitaux, une transmigration encore mystérieuse pour certains économistes qui ont négligé de l'étudier, de la soumettre à un examen sérieux, bien qu'elle ait été souvent des plus funestes à certains pays.

Afin de justifier encore davantage nos déductions, nous les avons fait suivre d'extraits des discours que la question agricole a inspirés récemment à nos plus illustres adversaires du Sénat et de l'Assemblée législative; extraits que nous avons commentés et discutés de manière à ne laisser aucun doute, aucune hésitation, dans les esprits, pour établir que le libre échange des céréales doit être maintenu.

Il a été dit que certains orateurs, en joignant leurs instances à celles des agriculteurs touchant l'établissement d'un droit d'entrée sur les grains, n'avaient eu pour but que de se ménager une intervention puissante lorsqu'ils demanderaient à leur tour, en qualité d'industriels, une protection contre les fabrications étrangères. Loin de nous la pensée de vouloir entrer dans cette voie de dénigrement. A nos yeux, tous les membres des deux chambres ont été également consciencieux; également dégagés de tout intérêt personnel. Aussi nous gardons-nous de vouloir infirmer les arguments de nos antagonistes au moyen du prétendu calcul intéressé qu'on leur suppose.

Mais l'on s'est grandement étonné lorsque l'on a vu plusieurs libre-échangistes requérir aussi des taxes sur les céréales importées. Ils n'ont présenté, il est vrai, cette requête qu'avec beaucoup de timidité, car ils se sont efforcés de pallier l'abandon de leurs principes en cherchant à établir que ces taxes étaient purement fiscales, et destinées uniquement à dégrever d'autant l'agriculture.

On verra que nous faisons justice de cet étrange compromis d'expressions, qui permet de passer à l'actif d'un système les avantages que l'on peut parfois obtenir d'un autre tout opposé.

Laissons à nos voisins d'outre-Manche le déplorable mérite d'imaginer et d'introduire dans le langage des mots habilement ambigus, à l'aide desquels ils voilent les infirmités, les défaillances du libre échange, qu'il est dans leur intérêt de propager partout; ce qui ne les empêche pas de goûter en même temps aux fruits savoureux du régime protecteur.

Quant à nous, peuple chevalier, il nous appartient d'agir sans déguisement, et de donner à chaque chose son nom véritable.

Nous sommes loin d'être insensible, cependant, à cet acheminement assez caractérisé des libre-échangistes, en dépit des principes absolus qu'ils professent, vers le système protecteur. Dernièrement, on a déjà vu un mouvement de même nature se produire avec plus de force. Lorsque la question des banques a été mise sur le tapis, quelques-uns d'entre eux, et des plus illustres, ont réclamé un privilége pour elles.

En outre, tout récemment encore, des économistes de la même école ont déclaré, à la Chambre des députés, que le gouvernement avait agi avec une grande sagesse en subventionnant nos nationaux pour le service de la navigation transatlantique, bien que les Anglais, pour le même service, se fussent contentés d'une subvention moitié moins forte. — N'est-il pas cependant de principe rigoureux dans le libre échange qu'en tout état de cause, partout et toujours, on doit prendre la marchandise là où elle est au prix le plus réduit?

Nous en passons, et de bien meilleurs encore.

Ceci n'est certes pas un reproche à l'adresse des libre-échangistes; nous les louons au contraire, et sincèrement, de n'avoir pas repoussé, de parti pris, des mesures avantageuses au pays. En fait de systèmes, il faut condamner tous ceux qui sont absolus, exclusifs; ainsi, par exemple, à l'égard de la médecine, nous dirons, sans craindre d'être contredit par les personnes sensées, que la bonne n'est ni homéopathique, ni allopathique, ni humoristique, ni expectante, mais bien est celle qui guérit.

Toutefois, il y a là des indices de fusion. Ceux que nous avons signalés, et qui se renouvellent plus souvent qu'on ne le croit, sont des témoignages irrécusables du progrès qui se fait chaque jour dans les régions économiques. Bientôt, on ne peut en douter, il se manifestera avec éclat, et les discussions si pleines de bon sens, si riches en faits révélateurs, qui viennent d'avoir lieu aux Chambres, n'auront pas peu contribué à cet heureux résultat.

On arrivera donc bientôt à fonder une doctrine rationnelle, mixte, non exclusive, se composant des meilleurs principes des deux systèmes économiques, et l'on constituera définitivement la véritable économie politique. — Il est bientôt temps que le règne de l'empirisme finisse et que celui de la vraie science lui succède.

L'agriculture souffre, l'industrie se plaint, le commerce se lamente; on ne peut nier que la France soit en péril. Les docteurs *protection* et *libre échange*, appelés en consultation, ne quittent pas son chevet. Ils interrogent tous les symptômes, ils pèsent tous les avis. N'est-il pas à croire, nous l'espérons du moins, que, se rendant à l'évidence, ils vont déposer tout fiel, toute irritation, toute rancune, se faire de plus en plus des concessions mutuelles, et tomber enfin d'accord, puisque la guérison de la chère malade est à ce prix.

Si cette espérance se réalise, nous nous estimerons bien heureux d'avoir dit le premier mot dans cette consultation, le jour où nous avons pu écrire, en tête d'un de nos livres, ce titre : *Les Libre-Échangistes et les Protectionnistes conciliés.*

LES CÉRÉALES
ET
LA DOUANE

Première Partie.

CHAPITRE I.

Des bénéfices qu'une nation retire de ses importations et de ses exportations.

I

Jusqu'ici les économistes n'ont porté qu'une attention assez médiocre sur les bénéfices que peut retirer une nation des marchandises qu'elle importe et qu'elle exporte;

2.

question cependant des plus intéressantes. Quelques-uns, sans se préoccuper de la nature et de l'espèce de ces marchandises, apprécient, au dixième de leur valeur totale, le profit qu'elles font obtenir.

Ce coefficient fixe de un dixième ne nous paraît mériter que peu de confiance. Voici, selon nous, un mode d'appréciation qui conduit à des résulats assez exacts ; toutefois, nous avons besoin de recourir, pour l'exposer, à quelques considérations préliminaires.

II

Supposons une société vouée à une spécialité industrielle, quelle qu'en soit du reste la nature ; et ne nous attachons qu'à étudier les fluctuations de son capital, comme résultantes de ce qu'elle expédie au dehors et de ce qu'elle en reçoit (*numéraire compris*). Pour que ce capital s'accroisse, les exportations doivent nécessairement être telles, que les importations, qui en sont la conséquence, donnent moyennement à chaque sociétaire non-seulement de l'aisance, mais encore un superflu qui, en s'économisant chaque année, augmenterait le capital social.

Mais dans quelles conditions doit-on se placer pour que le jeu de ce mécanisme financier ne laisse rien à désirer? Il faudra que la société dont nous parlons exerce la profession la plus lucrative, c'est-à-dire celle dont les produits, en égalisant les capitaux employés dans chaque branche industrielle, donnent lieu, par la voie de l'échange, à la rémunération moyenne la plus fructueuse pour chacun de ses membres, y compris les capitalistes, les propriétaires, les ouvriers (vieillards, femmes et enfants).

Existe-t-il donc des industries moins lucratives que d'autres? Assurément, il en est une, la production des céréales (1), qui ne donne lieu qu'à une rémunération deux, trois et quatre fois moindre que celle obtenue, par exemple, dans les fabrications du fer, des tissus en général, et des articles de Paris; infériorité due aux difficultés inhérentes à ces diverses fabrications, au peu de valeur d'immenses terrains cultivables répandus en grand nombre sur le globe, et à des influences de bien des sortes dont le détail nous entraînerait trop loin.

Si nous ajoutons qu'en France la part moyenne qui revient à tous les travailleurs de l'agriculture, considérés comme nous venons de le dire, ne se monte guère, moyenne-

(1) Il en est à peu près ainsi de toutes les matières premières que procrée l'agriculture. Nous ferons observer qu'il faut se garder de comprendre dans ce nombre les huiles, les vins, les farines, etc., qui sont déjà des produits industriels.

ment, qu'à deux cents et quelques francs par an, et ne comporte que très-peu de chose au delà de ce qui leur est nécessaire pour vivre, on devra conclure que les industriels, gagnant deux, trois et quatre fois plus, seront presque les seuls qui, chaque année, pourront faire des réserves et accroître leurs capitaux. Aussi n'est-il pas surprenant que ces derniers arrivent à des positions de fortune presque toujours interdites aux cultivateurs.

On a prétendu que les ouvriers des centres manufacturiers, bien que touchant des salaires élevés, éprouvaient de même une extrême difficulté à effectuer des économies, par la raison que tous les objets essentiels à l'existence y étaient toujours d'un grand prix. Rien de plus vrai. Mais ce pécule, qu'ils ne peuvent amasser eux-mêmes, se déverse sur une multitude de coïntéressés aux industries qu'ils exercent, et particulièrement sur les propriétaires de maisons. Ne sait-on pas que, lorsqu'une localité devient industrielle, les logements doublent, triplent et quadruplent de valeur?

III

Ceci posé, revenons à la France et apprécions d'abord de combien son capital s'accroît lorsqu'elle exporte 100 millions de marchandises manufacturées. Si nous admettons que nos agriculteurs sont, l'un dans l'autre, deux fois moins rémunérés dans leurs travaux que nos industriels, c'est environ 400 fr. que ceux-ci gagneront chacun, moyennement, pendant une année, et conséquemment 200 fr. qu'ils pourront, après avoir assuré leur existence, économiser par eux-mêmes ou par d'autres, pendant cette même période de temps.

Or, les statistiques de la France établissent que le nombre des travailleurs industriels de tous ordres, correspondant à une fabrication d'une valeur de 100 millions, s'élève à environ 50,000.

Nous devons en tirer cette conclusion, que notre capital social s'accroîtra, par suite d'une exportation d'articles confectionnés ayant une valeur de 100 millions, du produit de 50,000 par 200 fr., ou de 10 millions de francs.

L'exportation se compose-t-elle de matières premières agricoles, le résultat est tout autre. En nous livrant au même calcul que précédemment, nous n'arrivons qu'à une réserve annuelle de 1 ou 2 millions, c'est-à-dire tout au plus au cinquième de celle donnée par l'exportation des produits manufacturés. Et pourquoi? Parce que les cultivateurs ne trouvent dans leurs récoltes que bien peu de chose au delà de ce qui est nécessaire à leur subsistance, et qu'en conséquence leur réserve ne peut être que très-minime.

IV

Passons maintenant à l'import corrélatif à chacune de ces deux exportations, qui est également pour l'une et l'autre de 100 millions de francs. Il nous paraît facile de démontrer qu'il ne doit donner lieu à aucune réserve. En effet, cet import n'est-il pas seulement une valeur que nous prenons au cours des marchés pour nous couvrir de nos expéditions à l'étranger?

Cette valeur ne peut évidemment nous donner des bénéfices qu'autant que le taux des divers achats faits à l'étranger s'élève; et, on le sait, quoi de plus problématique que cette élévation? Il est essentiel d'observer qu'il est parlé seulement ici de ce qui se passe lorsque la marchandise importée arrive au port, car, aussitôt débarquée, elle donnera lieu en général à d'autant plus de bénéfices qu'elle sera plus recherchée, ou bien qu'elle pourra recevoir davantage de façons.

En outre, si l'import, en valeur de 100 millions, s'effectue en marchandises manufacturées, comme il prive la France d'une fabrication de pareille importance, il lui enlève aussi la réserve annuelle de 10 millions dont il a été parlé plus haut, réserve qui, loin d'être anéantie, ne serait que faiblement réduite, si l'import avait eu lieu en produits agricoles.

Il faudrait encore, pour parfaire le compte des bénéfices qu'une nation obtient par son import et son export, calculer, suivant la méthode déjà donnée, ceux qui proviennent de l'industrie du transport par mer, industrie des plus lucratives et qu'il ne faut pas négliger de s'approprier.

D'où il suit, sans nous étendre davantage, qu'il n'est besoin d'aucun effort d'esprit pour s'expliquer comment, du jeu simultané des exportations et des importations, il résulte que les nations produisant uniquement des matières premières restent pauvres, tandis que celles qui sont industrielles et adonnées au commerce maritime s'enrichissent chaque jour.

V

Reconnaissons maintenant ce que peut faire préjuger, relativement à l'accroissement du capital d'une nation, la différence qui existe entre son import et son export (*numéraire compris*).

L'import est-il d'une plus grande valeur, il est évident que le capital national s'accroît de la différence ; aussi l'import dépasse-t-il l'export chez les nations les plus riches : l'Angleterre, la Hollande, la Belgique, la

Suisse, etc., bien que ces nations fassent de nombreux placements à l'étranger!

Que penser, dès lors, en voyant certains journaux célébrer à l'envi l'excédant de notre export sur notre import, lequel s'est élevé l'année dernière à 350 millions (*numéraire compris*), tandis que l'import devrait dominer l'export, quand ce ne serait que pour acquitter le mémoire de notre trafic maritime?

Quant à nous, un pareil excédant, qui n'est peut-être en réalité qu'une erreur de la douane, loin de nous édifier sur la prospérité de la France, nous semblerait plutôt, au contraire, accuser une redevance que nous payons annuellement aux étrangers, soit pour des titres hypothécaires sur nos immeubles nationaux, soit pour des titres de rente française, soit pour des actions ou des obligations de nos diverses industries qu'ils ont entre les mains.

Ces mêmes journaux, essentiellement optimistes, ne nous paraissent pas non plus complétement dans le vrai lorsque, prenant leur inspiration dans l'esprit public, qui a l'intuition vague de l'avantage qu'on trouve à exporter beaucoup de marchandises manufacturées et à n'importer à peu près que des matières premières, ils signalent avec emphase les heureuses destinées de la France à cet égard. Ils ne s'aperçoivent pas que la navigation étrangère a donné à la plupart des matières premières que nous recevons, et qui nous viennent des entrepôts de Londres, une façon de grande valeur, et qu'ainsi ce ne sont déjà plus des matières premières. Cette impuissance de la marine française nuit essentiellement à notre prospérité.

VI

Des données de la douane et des observations que nous avons faites, il faudrait se garder de conclure que le capital français diminue annuellement de 350 millions. Il paraît certain, au contraire, qu'il s'accroît depuis longtemps chaque année d'environ 1 milliard de francs.

Ce phénomène économique peut s'expliquer aisément, même quand les chiffres de la douane seraient exacts. Le remarquable accroissement de notre capital est dû :

1° Au travail énergique du Français,

2° Aux professions lucratives qu'il exerce,

3° A son industrie merveilleuse, qui lui permet de faire des réserves considérables, en vendant à l'étranger des marchandises très ouvragées dont il est largement rémunéré.

CHAPITRE II.

Le libre échange n'est pas le régime économique de l'Angleterre.

I

Ce n'est pas sans étonnement que l'on a vu l'Angleterre arborer bien haut la bannière du libre échange, et maintenir, néanmoins, les droits élevés dont elle frappait, à leur entrée, certaines marchandises étrangères, différentes des produits de son industrie. Notre voisine, habituellement d'une si haute raison, prétend, il est vrai, que ces droits, auxquels elle a donné le nom de *fiscaux*, pour bien les caractériser et empêcher qu'on ne les confonde avec ceux dits *protecteurs*, n'exercent aucune action sur le développement de ses fabriques, et en conséquence ne portent aucune atteinte à son système libre-échangiste.

Mais une pareille assertion est dénuée de fondement, et il va nous être facile de démontrer que ces prélèvements soi-disant *fiscaux* n'ont fait que recevoir une désignation nouvelle et sont protecteurs au suprême degré. — En effet, il est une considération de premier ordre qu'il faut bien se garder de mettre en oubli : c'est que les marchandises de toute provenance destinées à satisfaire chacun de nos sens, le goût par exemple, se combattent, s'excluent même les unes les autres, non-seulement lorsqu'elles sont d'une nature, d'une espèce identique, mais encore lorsqu'elles ne sont qu'analogues.

Quoi! dans le Royaume-Uni on promulgue le libre échange pour les divers produits similaires à ceux que l'on y fabrique (notons en passant qu'il est bien difficile de les établir à meilleur marché), et, sous le nom de droits *fiscaux*, on repousse le vin, l'eau-de-vie, et nombre d'autres articles qui pourraient se substituer en partie, pour la satisfaction du même sens, aux produits indigènes, et peut-être encore les faire délaisser entièrement! C'est là incontestablement un système protecteur au premier chef; l'exposé que nous venons de faire en est une démonstration suffisante.

II

Ce n'est pas tout : ces droits, au lieu d'être frappés uniquement sur les régnicoles, ainsi que le sont tous les impôts véritablement *fiscaux* : l'*excise*, l'*income tax*, etc., sont payés en grande partie par les nations étrangères. Cette vérité pourrait s'établir *a priori*; mais, comme il faudrait alors user d'abstractions toujours pénibles pour le lecteur, nous préférons invoquer l'autorité du passé, les décisions de l'expérience.

Que s'est-il passé dans les villes de la France chaque fois que, pour venir en aide à leurs habitants peu aisés, on a voulu supprimer ou seulement réduire les taxes de l'octroi? — Partout les maires, et dernièrement encore ceux de Bordeaux et Rouen, ont constaté que les marchandises exonérées avaient à peine diminué de prix. D'où il résulte que ces taxes étaient presque entièrement à la charge des producteurs. — Or, quelle différence peut-il exister, relativement aux droits d'octroi ou d'importation, entre les villes d'une nation approvisionnées par les campagnes environnantes, et un État approvisionné par l'étranger?

On ne peut donc le révoquer en doute, le droit de douane dont l'Angleterre frappe les marchandises des autres pays fait payer à ces derniers une grande partie des sommes qu'il produit, et dégrève d'autant le contribuable indigène (1). Dès lors, les prix des objets que ce contribuable fabrique se réduisant par suite de ce qu'il est moins chargé d'impôts, il devient éminemment apte

(1) De là on peut déduire que, pour la France, certaines taxes frappées sur un grand nombre de marchandises du dehors seraient loin d'être irrationnelles, attendu qu'elles permettraient de rejeter sur les producteurs étrangers une notable partie des charges que nous supportons. On dira, il est vrai, que ces taxes nuiraient à nos manufactures en élevant le prix des matières qu'on y façonne. Mais nos industriels n'ont-ils pas à payer des patentes, des droits de consommation sur le vin, l'eau-de-vie, le tabac, la bière, etc.? Eh bien, alors, on les allégerait d'une partie de ces contributions, en sorte qu'ils seraient compensés de la plus-value des matières qu'ils ont à transformer. Il y aurait donc tout bénéfice pour notre pays, puisque les frais de fabrication n'y se-

à triompher, presque sans lutte, des producteurs étrangers sur ses marchés et sur les leurs.

Il y a donc là, encore, une protection réelle parfaitement démontrée, et il en résulte une nouvelle condamnation de cette épithète : *fiscale*, donnée à un pareil droit. — Nous devons ajouter que certains impôts qui

raient pas augmentés, et qu'en même temps il serait sensiblement dégrevé.

Toutefois, les taxes à l'importation doivent être très-modérées, car autrement il en résulterait des inconvénients majeurs : ainsi elles isoleraient les peuples en les faisant user de fortes représailles, et, partant, nuiraient essentiellement au progrès.

En outre, il est important, pour satisfaire à maintes convenances économiques (Voy. le *Catéchisme de l'Économie politique*, 4e édition, p. 112 et suivantes), que les marchandises de toute sorte soient tarifées à divers degrés, d'après un certain ordre que la théorie et l'expérience indiquent, et que même quelques-unes soient affranchies complétement.

Nos habiles voisins les Anglais n'ont pas méconnu le parti que l'on peut tirer de cette doctrine écono-

atteignent à l'importation, le tabac, le sucre et d'autres marchandises encombrantes, bien qu'ils s'appliquent également aux produits similaires que la Grande-Bretagne peut produire, n'en sont pas moins protecteurs, en ce sens qu'ils garantissent à la marine britannique un fret indispensable au maintien de sa prépondérance sur toutes les mers.

mique. Ils ont mis des droits énormes sur le thé, provenance d'un pays où la guerre des tarifs est encore inconnue; sur le tabac, produit de leurs colonies, qu'ils peuvent ainsi exploiter; sur le vin, en raison de concessions spéciales faites diplomatiquement, etc.; et par ce moyen leurs douanes rapportent annuellement une somme de 600 millions, dont une faible partie est seulement payée par eux.

Chez nous, au contraire, depuis 1860, nous avons vu les revenus de notre douane passer de 160 à 60 millions, et s'amoindrir en conséquence de cent millions que les étrangers nous soldaient presque en totalité. Cette voie malheureuse, dans laquelle on est entré, n'a peut-être pas médiocrement contribué au malaise dont on se plaint généralement.

III

Que nos voisins cessent donc de se faire illusion ! Leur régime économique n'est point celui qu'ils préconisent, et qu'ils célèbrent sur tous les modes et sur tous les tons. Le régime qu'ils ont adopté est un compromis entre le libre échange et la protection. Et, bien qu'ils n'aient point proclamé, raisonné, professé ce moyen terme dans des traités spéciaux, dont les diverses parties se rattachent ensemble et se complètent mutuellement, il a néanmoins beaucoup de rapports avec le système économique que nous propageons, en ayant soin de conserver toujours à chaque mot, par respect pour nous-mêmes, son sens vrai, son acception rigoureuse, grammaticale.

On pourrait peut-être penser que les Anglais ont joué jusqu'ici une comédie commerciale, dans la quelle ils protestent de convictions profondes, absolues, qui en réalité ne sont qu'un leurre pour séduire et surprendre l'étranger, attendu que, plus le libre échange gagnera du terrain, plus leurs profits deviendront importants. — C'est là une défiance injurieuse que nous ne partageons pas. L'erreur est si douce, si facile, lorsqu'elle favorise nos intérêts! — Sans doute ils se seront laissé égarer par une espèce de trompe-l'œil, qui même chez nous, comme on va le voir, a induit en erreur des économistes d'une grande distinction.

IV

Est-ce à dire qu'il faille renoncer à la douane pour obtenir un impôt seulement *fiscal?* Nous sommes loin de le prétendre, et Bastiat, qui avait l'horreur de la protection, ne répugnait nullement à cette mesure financière, ainsi que l'a fort bien prouvé l'illustre académicien M. de Lavergne, en répondant à M. Paillotet (*Journal des Économistes, mois d'avril dernier*). Mais, dans cette discussion, on a négligé de mentionner un fait très essentiel, c'est que Bastiat voulait frapper de taxes les marchandises simultanément à l'entrée et à la sortie.

Voyez quels conseils il donne au législateur (pages 208 et 209, 4e volume de ses œuvres complètes) : « *Toute marchandise*

« importée payera une taxe de 5 p. 100 de « sa valeur... Toute marchandise exportée « payera une taxe de 5 p. 100 de sa va- « leur... » — Et, en effet, l'impôt devient véritablement *fiscal* lorsqu'il s'applique à toutes les marchandises, soit qu'elles entrent, soit qu'elles sortent, et il perd complétement ce caractère lorsqu'il ne pèse que sur celles qui s'importent.

Aussi, lorsque M. de Lavergne réclame pour la France un droit sur les denrées agricoles du dehors, qu'il prétend être *entièrement fiscal*, parce qu'il le destine à dégrever l'agriculture d'une partie de ses charges, il ne peut s'autoriser de l'opinion de Bastiat (1). D'après ce que nous avons exposé, ce droit est essentiellement protecteur. — Du reste, nous dirons que l'auteur des *Sophismes économiques*, si conséquent à ses principes li-

(1) Pour qu'il lui fût possible de s'en autoriser, il faudrait que la même taxe fût appliquée aux céréales exportées.

bre-échangistes, s'est prononcé d'une manière formelle contre la convenance d'une taxe à l'importation pour venir en aide à un pays surchargé d'impôts. — Ouvrons le tome IV, page 51, de ses œuvres complètes : « *Plus les impôts*, écrit-il, *sont lourds, plus* « *nous devons nous empresser d'ouvrir nos* « *ports et nos frontières à l'étranger moins* « *grevé que nous.* »

Les phénomènes économiques comportent tous une multitude de délicatesses qui nécessitent l'investigation la plus minutieuse, et si l'on ne peut, pour chacun d'eux, adopter la maxime un peu trop large du libre échange absolu, non plus que celle d'une protection indispensable, on doit à toujours rejeter ces expressions vicieuses, mensongères, qui ne servent qu'à masquer les défaillances d'une doctrine et à prolonger le règne de l'erreur.

CHAPITRE III.

Le commerce des céréales doit être libre.

I

L'expérience a cent fois démontré que les commerçants et les industriels sont loin d'être toujours fondés dans les plaintes qu'ils réitèrent sans cesse, et qu'en cherchant à nous apitoyer sur des infortunes imaginaires, ils veulent seulement activer la vente de leurs articles. Aussi ne nous laissons-nous que difficilement attendrir par leurs doléances.

En doit-il être de même lorsqu'il s'agit de l'agriculture? Aucunement. — Endurci à la fatigue, élevé à l'école de la résignation par les inclémences du temps, l'agriculteur, frappé dans son aisance, d'habitude reste impassible. Lorsque le vent des grandes villes lui apporte les lamentations des industriels, il aurait souvent le droit de s'écrier à l'instar de Guatimozin : *Et moi, suis-je donc sur un lit de roses?* Il se contente d'ordinaire de sourire tristement.

Aujourd'hui, néanmoins, voilà que se détend cette énergie morale, voilà que des campagnes nous arrive un long cri de détresse. A celui-là nous devons prêter l'oreille, nous devons nous montrer sensibles.

Quand ces hommes si vigoureusement trempés viennent à déplorer leur misère, à gémir sur leur sort, soyons assurés que cette misère est vraie, que ce sort est cruel.

L'agriculture n'a ni ombres ni mystères, elle n'a point à son usage un arsenal d'expédients secrets dont le but est d'égarer le jugement du public.

Du moment qu'elle s'afflige aussi hautement, c'est que ses souffrances sont incontestables. Il ne faut donc épargner ni soins, ni efforts, pour la faire sortir promptement de la crise qu'elle traverse.

II

L'élève du bétail et la production des céréales, telles sont les deux principales sources où les agriculteurs viennent puiser le bien-être. Sans doute ils ne méconnaissent pas le profit qu'ils retirent de la première, bien que l'augmentation incessante des frais d'exploitation le rende chaque jour de plus en plus faible ; mais toute l'acrimonie de leurs plaintes s'exhale par rapport à la production des céréales, qui, dans ces derniers temps, se sont si fortement dépréciées.

Quelques personnes ont cherché à verser du baume sur leurs plaies, et à ramener la confiance, l'espoir parmi eux, en rappelant que déjà en 1849 et 1850, sous le régime protecteur, la dépréciation des céréales avait été aussi forte, et qu'ainsi la crise actuelle ne devait avoir rien de durable.

Mais les agriculteurs ne peuvent s'y méprendre. Aux époques précitées, les métaux précieux n'avaient pas encore éprouvé cette moins-value que leur a fait subir la découverte des placers de la Californie et de l'Australie. Ensuite ces métaux, considérés comme richesses tout à la fois aisées à transporter et difficiles à saisir, empruntaient une valeur toute spéciale à ces temps où les idées socialistes épouvantaient les populations.

Nous ajouterons qu'alors les frais de culture étaient moitié moindres qu'aujourd'hui.

Assurément donc, le mal est beaucoup plus grand qu'il n'a jamais été, et, d'après certains rapports, il a pris les proportions d'une calamité, d'un vrai désastre, dans plusieurs contrées du Midi, impropres et à la culture de la vigne et à l'élève des bestiaux.

On a cru pouvoir encore relever le courage des agriculteurs en leur disant que l'état de choses qu'ils déplorent est la conséquence naturelle d'une série de récoltes exceptionnelles. — Vains efforts ! Ils se défendent vivement et avec assez de sens contre une pareille explication, en prétendant que la récolte de 1865, bien que faible de rendement, n'a contribué en aucune sorte à relever le cours des céréales.

Qu'on ne cherche même pas à leur prouver que la France, dans ses ardeurs de perfectionnement agricole, produit aujourd'hui plus de grains dans les années médiocres, relativement à sa population, qu'elle n'en produisait autrefois dans ses années d'abondance, et qu'indépendamment de toute autre cause, le bas prix des grains est une conséquence de cet état de choses.

Un parti pris, une idée fixe, les domine : ils accusent la nouvelle législation des céréales d'être uniquement l'auteur de leur détresse. C'est cette législation, disent-ils, qui laisse inonder le marché français par les blés de Pologne, de Russie et d'Amérique. — Puis, il font remonter jusqu'au pouvoir la responsabilité du mal qui les consume : car c'est en haut lieu, ils ne l'ignorent pas, qu'a été déchaîné ce monstre de libre échange, comme ils l'appellent, monstre dont ils demandent qu'on les délivre.

L'agriculture est malade, elle s'agite, elle se débat dans ses douleurs ; il est donc bien naturel qu'elle ne puisse pas plus reconnaître la nature de son mal que la médication qu'il faut lui appliquer. Cherchons à l'éclairer.

III

Le naturel français, avec son vieil esprit frondeur, apparaît tout d'abord dans cette accusation lancée contre le pouvoir. Ce dernier, il est vrai, n'est pas sans reproches; il administre trop, et, en usant d'une façon de parler un peu vulgaire, on peut dire qu'il est puni par où il a péché. À l'époque où nous nous trouvons, au degré de civilisation où nous sommes parvenus, à quoi bon toutes ces lisières qui nous entravent dans notre marche? Pourquoi ne pas nous laisser disposer un peu plus librement de nos biens et de nos personnes?

Mais que répondent les ministres de l'Empire aux populations mécontentes? « Ce ne

« sont pas, disent-ils, les blés étrangers qui « font fléchir les cours, car la France exporte « plus de céréales qu'elle n'en importe. Le « libre échange est donc tout-à-fait innocent « du mal qui se produit. »

Une telle réponse n'est satisfaisante que jusqu'à un certain point. En effet, pour que cette justification du libre échange ne pût être invalidée, pour qu'aucun agriculteur n'eût lieu d'improuver ce système, il faudrait que sur tous les points de l'Empire l'exportation fût supérieure à l'importation. — Or, il n'en est pas tout-à-fait ainsi. L'export est inférieur à l'import sur le littoral de la Méditerranée, tandis que le contraire se remarque sur les côtes de l'Ouest. Les agriculteurs du Midi ne sont-ils pas alors fondés dans leurs récriminations, et avec d'autant plus de raison qu'ils n'ont pas la ressource, comme ailleurs, de rendre leur sol brûlant apte à recevoir des cultures fourragères ?

La justification présentée par l'autorité

pourrait être encore acceptable si les grains débarqués dans le Midi ne faisaient que transiter sur le territoire pour être réembarqués à l'ouest de la France, mais rien ne prouve qu'il en soit ainsi.

Il faut donc convenir que le libre échange a pu exercer une action fâcheuse sur les cultivateurs du Midi et du Centre, qui étaient chargés précédemment d'approvisionner notre marché méridional. Quant à ceux du Nord et de l'Ouest, il est impossible qu'ils puissent attribuer, avec quelque raison, leurs souffrances à la même cause. Du reste il faut reconnaître que ces souffrances sont moins vives, grâce aux avantages qu'ils trouvent dans un sol favorable à l'élève du bétail et dans les débouchés incessants que la proximité de l'Angleterre ouvre à quantité de leurs productions. Aussi leurs accusations contre le libre échange sont-elles moins violentes.

Ajoutons que du jeu des acquits à caution(1) naît encore une nouvelle infortune pour les cultivateurs qui approvisionnent le marché du Sud. En effet, c'est sur ce mar-

(1) Les acquits à caution, créés pour encourager la minoterie, font réduire très-sensiblement le prix des céréales dans les provinces du Midi, en y faisant importer cette denrée en grande quantité, et nuisent ainsi à leur agriculture. Ils sont, au contraire, très-avantageux aux contrées du Nord et de l'Ouest, où leur négociation se fait d'habitude, attendu qu'ils y favorisent l'écoulement, au dehors, de la même denrée.

La répartition inégale des faveurs du pouvoir dans le même pays, le tort fait aux producteurs du Midi, sont les motifs sur lesquels on se fonde pour demander soit l'abrogation de cette mesure économique, soit, tout au moins, que l'on restreigne ses effets, en assujettissant le commerce à faire sortir, par le même port où l'acquit à caution a été délivré, l'équivalent en farines du grain qui y est mentionné.

Une telle réclamation ne nous paraît nullement fondée. En effet, il est de principe que les priviléges ne doivent être concédés qu'autant qu'ils sont dans l'intérêt général.

Or, ceux que l'on accorde à la navigation, en mettant des surtaxes sur le grain, et à la minoterie, en les faisant disparaître, ont leur raison d'être, soit

ché, connu pour ses mercuriales élevées, que s'introduit, franc de tous droits, le grain étranger. Et sa réexportation ne s'effectue

parce qu'ils encouragent la marine, soit parce qu'ils favorisent l'exportation d'un produit industriel. Mais dans leur requête les agriculteurs n'excipent d'aucune raison d'intérêt général, ils ne songent qu'à vendre plus cher leurs denrées, ce qui est loin d'être favorable aux masses.

On n'en fait pas mystère, ce qui provoque les récriminations, ce qui excite les animosités, c'est particulièrement la jalousie que font naître certains producteurs favorisés par une mesure économique dont on semble méconnaître les heureux résultats. Mais que l'on examine d'un esprit calme ce qui s'est passé lors des diverses améliorations ou inventions qui ont eu lieu dans ce monde ; nous l'avons déjà dit : le progrès ne peut s'accomplir sans léser quelques classes de personnes.

Il y a toujours des localités qui ont à souffrir des chemins que l'on ouvre, des canaux que l'on creuse, etc.... Et les producteurs de céréales du Midi ne sauraient même prétendre que les départements où ils exercent leur noble profession sont froissés par l'acquit à caution. Les consommateurs qui les avoisinent ne se lèveraient-ils pas en masse pour les démentir?

jamais qu'en céréales de la région du Nord et de l'Ouest, où le fumier, fourni en abondance par l'exploitation en grand du bétail, permet de les récolter à plus bas prix. De là résulte évidemment encore un dommage des plus regrettables, tant pour nos cultivateurs du Midi que pour ceux du Centre.

IV

Assurément voilà un triste état de choses qu'il ne faut ni méconnaître, ni déguiser. Mais en ressort-il qu'il faille abroger la liberté du commerce des grains? Certes non. Et à l'appui de notre opinion nous espérons produire des arguments plus victorieux que ceux qu'on a fait valoir jusqu'ici.

Afin d'être plus clair, plus intelligible dans

nos déductions, nous serons obligé de recourir à quelques principes économiques qui sont encore peu répandus.

Dans leur action isolée, ou par leurs effets combinés, les nombreuses industries qui nous fournissent l'essentiel, l'utile et le superflu, sont lucratives à des degrés très-divers, et le but, jusqu'à ce jour assez mal apprécié, que se propose le régime protecteur, est d'introduire, de naturaliser et de maintenir dans un pays les industries éminemment rémunératrices, attendu que ce sont elles qui contribuent le plus à l'accroissement de sa richesse.

Or, entre toutes, l'agriculture est la moins heureusement douée à cet égard, et pour mettre dans tout son jour cette vérité, qui découle déjà du petit nombre de fortunes qu'on y fait, nous allons la faire jaillir de chiffres fournis pour la plupart par les statistiques officielles. A plusieurs reprises nous avons produit ces chiffres, qui représentent le gain fait par l'homme dans les diverses professions qu'il exerce, et personne jusqu'ici n'a contesté la réalité de la progression ascendante dans laquelle ils se suivent.

GAINS FAITS PAR LES TRAVAILLEURS DANS DIVERSES PROFESSIONS.

Un travailleur, considéré à la fois comme capitaliste, patron et ouvrier, gagne chaque année, avec un capital de trois mille francs et moyennement (dans cette moyenne sont compris les vieillards, femmes et enfants), environ 250 fr. dans la production des céréales;

Et 1° environ 560 fr. dans le cotonnage, c'est-à-dire plus de deux fois autant;

2° Environ 950 fr. dans le lainage, c'est-à-dire près de quatre fois autant;

3° Environ 1,040 fr. dans la soierie, c'est-à-dire plus de quatre fois autant;

4° Environ 4,300 fr. dans l'orfévrerie et

la joaillerie, c'est-à-dire près de vingt fois autant.

S'il en est ainsi, si l'on ne peut mettre en doute la gradation progressive des divers termes de cette série, dans quel intérêt un gouvernement se préoccuperait-il d'imposer à ses administrés des mesures exceptionnelles, anti-égalitaires, pour développer... quoi (1)?... la production la moins rémunérée, et qui suffit déjà amplement aux besoins de la population.

Cette raison, bien que très-satisfaisante, est loin d'être la seule.

La protection contre les grains étrangers n'est-elle pas une atteinte portée à la prospérité de toutes les autres industries qui contribuent bien plus efficacement que

(1) Nous avons vu (Ch. I) que la richesse d'un pays s'accroît principalement par les réserves qu'il fait chaque année, et que les réserves obtenues dans l'agriculture sont très-minimes, comparées à celles que peut assurer l'industrie.

l'agriculture à l'accroissement de la richesse nationale ?

En effet, le prix du blé s'élevant, il leur faudra hausser les salaires des ouvriers qu'elles emploient, et résister à cette nouvelle charge lorsque déjà, personne ne l'ignore, elles luttent si péniblement contre la concurrence étrangère. — Ensuite, de l'enchérissement factice du grain, sans augmentation simultanée de richesses pour le pays, ne résulterait-il pas encore une aggravation de misère pour les classes pauvres?

V

On ne sait pas assez que l'obstacle le plus efficace pour arrêter la diminution du prix des céréales réside dans l'expansion que l'on donne aux professions industrielles, et qu'en

Europe, c'est presque à cette expansion seule que les agriculteurs ont dû l'accroissement de leur aisance.

N'est-il pas vrai que les capitaux, par suite de la répartition qui s'en fait chaque jour sur toute la surface du globe, abondent et doivent abonder là où les industries les plus lucratives sont en pleine prospérité ? Dans ces lieux privilégiés, bientôt centres d'opulentes et nombreuses populations, toutes les denrées se vendent à des prix très-élevés; les emblavures se modifient de la manière la plus utile, et en définitive la valeur des terres s'accroît prodigieusement.

Dans quel marasme ne tomberait pas l'agriculture si elle était livrée à ses seules ressources? Jetez les yeux sur la Russie, la Pologne, la Turquie, le Maroc, pays entièrement agricoles : est-ce que des étendues immenses de terrains n'y rapportent pas des revenus dérisoires ? Comparez ces revenus avec ceux de pareilles étendues, d'une productivité égale, situées en France, en Angleterre, en Belgique, en Hollande, contrées industrielles au suprême degré, et vous ne pourrez douter de ce que nous avons avancé ?

Aussi, nous ne saurions trop le répéter, la première aspiration des producteurs agricoles doit être la prospérité de l'industrie proprement dite. — A Dieu ne plaise donc qu'ils réussissent dans leurs tentatives étourdies, pleines de déconvenues, pour lui faire payer, dans un intérêt mal entendu, les grains plus cher qu'en Belgique et en Angleterre, ce qui ne manquerait pas de la surcharger encore dans sa marche déjà par trop chancelante. En cas de succès, ils ne feraient qu'imiter l'homme de la fable, qui, dans son âpreté au gain, égorgea la poule aux œufs d'or : *S'étant lui-même ôté le meilleur de son bien.*

Du reste, si le bon marché des grains est funeste aux producteurs, il a certains avantages aux yeux de l'agronome. La culture des céréales, on le sait, est épuisante; leur dépréciation aidera puissamment les propriétaires éclairés à se faire mieux écouter lorsqu'ils recommanderont avec instance à leurs fermiers et colons partiaires de n'emblaver que de petites étendues, et de fumer beaucoup.

Ensuite, l'expérience ayant démontré que la pénurie des céréales n'existait jamais à la fois chez les cultivateurs de toutes les parties du monde, en rapports faciles de commerce, et qu'il s'établissait d'habitude une véritable compensation entre l'abondance des uns et l'insuffisance des autres, on ne peut contester que le libre échange de cette denrée ne soit une police d'assurance contre toute famine à venir.

VI

Précisons bien les situations respectives de l'agriculture et de l'industrie proprement dite, situations qui sont très-distinctes l'une de l'autre. — Lorsque par des droits à l'importation on protége cette dernière, c'est que, ne pouvant fabriquer qu'à des taux supérieurs à ceux de l'étranger, et conséquemment soutenir sa concurrence, elle est menacée d'un anéantissement complet. Quant à l'agriculture, si le prix des denrées s'abaisse par la concurrence du dehors, elle ne périt pas pour cela. Les propriétaires du sol sont atteints, il est vrai ; mais la perte qu'ils éprouvent est largement compensée pour le pays 1° par le bon marché de l'existence, 2° par le développement qui en résulte pour l'industrie, et par les capitaux auxquels il donne naissance.

La production des objets manufacturés est presque illimitée. Si un peuple leur accorde une entière franchise, il est possible qu'une véritable inondation en résulte chez lui. En est-il de même des céréales ? Sans contredit, non. La puissance d'exportation de la Russie ne s'élève guère en temps ordinaire qu'à six ou huit millions d'hectolitres chaque année, et à douze millions tout au plus lorsque le blé prend un très-haut prix. Celle de la Pologne, de la Hongrie, du Maroc, ne se monte, tout au plus, en totalité, qu'à cinq ou six millions. L'Amérique est à peu près épuisée, et ne pourra désormais envoyer que de bien faibles contingents. Or l'Angleterre, la Belgique, la Hollande, réclament annuellement près de vingt millions d'hectolitres. Dès lors, que l'on nous dise quels sont les pays qui pourraient faire redouter à la France une véritable inondation de céréales.

D'ailleurs leur importation fait recueillir certains avantages que ne procure pas celle des objets manufacturés. Tandis que les pays d'expédition du grain se stérilisent chaque jour davantage, ceux qui le reçoivent deviennent de plus en plus fertiles. — Puis, comme, en définitive, il est soldé avec des produits industriels qui procréent le capital avec une grande énergie, ces derniers pays s'enrichissent incessamment de manière à avoir une prépondérance extrême en fait de richesses. — L'agriculture, dans ses effets, est donc tout à fait distincte de l'industrie, et les mêmes mesures économiques ne peuvent s'appliquer indifféremment à chacun de ces deux élémens créateurs qui nous donnent vie, bien-être et richesses.

VII

Nous allons présenter isolément, afin de la mieux faire ressortir, une observation qui nous paraît très-importante. C'est qu'aucune marchandise ne se protége elle-même mieux que les céréales françaises. Cette sorte de protection, la seule dont on doit user à leur égard, va même jusqu'à quatre et cinq cents pour cent.

En effet, les blés qui nous viennent de Russie, pour faire concurrence à ces céréales, se cotent à Marseille 18 à 19 fr. l'hectolitre, alors que ce même hectolitre n'a guère été payé au producteur russe que 4 à 5 fr. — D'où vient une différence aussi prodigieuse? — C'est que, de toutes les marchandises, il n'en est pas qui soient d'une détérioration plus facile que les céréales, et en même temps qui soient plus lourdes et plus encombrantes, relativement à leur prix. Les longs parcours doivent donc les faire surenchérir démesurément.

Les cotonnades, les lainages, les soieries, la coutellerie, ainsi que presque tous les autres objets de fabrication industrielle, se trouvent dans des conditions très-différentes. Les frais de transports qui leur incombent ne rehaussent pas leur valeur primitive de plus d'un vingtième, ou même d'un trentième, et, par suite, la protection que ces objets tiennent des dépenses nécessitées par leur déplacement est insignifiante. — Il y a là un constraste qui est digne de l'attention des économistes.

VIII

Bien que le contraire ait été affirmé, on ne peut nier que des droits de douane frappés à l'importation ne puissent déterminer une hausse dans le prix des céréales. En effet, chaque détenteur, étant alors pleinement assuré contre l'invasion étrangère, ne craindrait pas de tenir longtemps la main haute, dans la conviction qu'en cas de mévente, il pourrait écouler plus tard ses céréales avec avantage dans les mauvaises années, qui ne manquent pas habituellement de succéder aux bonnes. Ajoutons que l'on pourvoirait tout d'abord aux besoins du pays, et que les excédants disponibles, exportés, seraient seuls entièrement passibles de la concurrence étrangère.—Mais, que les cultivateurs du Midi et du Centre le sachent bien, l'adoption des mesures fiscales qu'ils sollicitent ne leur fera jamais retrouver les beaux jours du passé. Aujourd'hui, ce n'est plus uniquement contre le libre échange international qu'ils doivent fulminer l'anathème.

Naguères, ils se chargeaient, à l'exclusion de tous autres, d'approvisionner les contrées méridionales, dont les habitants vivent en grand nombre des produits de l'olivier, de la vigne, de la garance, de l'industrie séricicole, et recueillent encore des profits dans le commerce, ainsi que dans un petit nombre de manufactures. Le marché était important, et, en raison des difficultés de communication et du régime protecteur, ils y régnaient presque en maîtres. Il n'en est plus de même aujourd'hui. — Grâce aux chemins de fer, tous les marchés de l'Empire sont devenus solidaires, et tendent constamment à niveler les prix. — Partout les consommateurs et les producteurs se donnent presque la main (1). Aussi, pour les céréales qui lui sont nécessaires, le Midi est-il à même de s'approvisionner, à frais très-réduits, dans les riches greniers du Nord, et de s'affranchir ainsi du monopole que la nature des choses faisait autrefois peser sur lui.

Si les cultivateurs à proximité des villes n'ont ressenti que faiblement le dommage qui a dû résulter pour eux de ce phénomène économique, c'est que presque toutes les cités ont vu, dans ces derniers temps, leur population s'accroître prodigieusement, et qu'elles ont, en conséquence, consommé plus de denrées qu'auparavant.

(1) En 1817, l'écart des prix de l'hectolitre de froment en France fut d'environ 40 francs. En 1847, les routes ayant été améliorées, quelques chemins de fer existant, l'écart ne fut plus que de 15 à 20 fr. Dans la disette de 1861, le plus grand écart a été de 6 fr. — Aujourd'hui, le transport d'un hectolitre de Strasbourg à Paris coûte seulement 2 francs.

On ne peut se le dissimuler, les capitaux répandus sur la surface du globe prennent un nouvel équilibre en raison des facilités de transport que la navigation à vapeur, les canaux et les chemins de fer ont fait obtenir. De même qu'à leur aide, en France, les contrées pauvres ont fait pénétrer leurs denrées dans les grands centres dont elles étaient éloignées, au détriment des localités qui en étaient très-voisines, de même les pays presque barbares, séparés du monde civilisé par de grandes distances, y ont fait parvenir leurs grains, et ont ainsi troublé la quiétude de producteurs agricoles qui regardaient les revenus du sol comme à l'abri de toute atteinte.

Ce nouvel équilibre qui s'établit ne résulte pas d'un coup inattendu du sort. C'est une conséquence rigoureuse du progrès, qui sans cesse s'attache à multiplier entre les hommes les plus éloignés les transactions commerciales, prémices de transactions sociales plus ardemment encore désirées par les amis de l'humanité.

Que l'agriculteur se soumette donc à ce décret providentiel qui, en laissant à chacun son libre arbitre dans le choix des meilleurs moyens à employer pour faire valoir ce qu'il possède, enrichit celui-ci et appauvrit celui-là, suivant le plus ou moins d'intelligence et d'habileté, qu'il a su apporter dans ses prévisions, relativement au genre de travail qu'il a adopté. La société a bien mission de répartir avec égalité sur ceux qui la composent les charges nécessitées par son organisation. Mais elle ne doit pas plus garantir aux propriétaires fonciers l'intégralité de leurs capitaux et le maintien absolu de leurs revenus qu'elle ne le fait pour les prêteurs d'argent et pour les propriétaires de valeurs industrielles. — Si le mouvement progressif vient à léser quelques-uns de ses membres, au lieu de réclamer à grands cris une protection internationale que l'intérêt de la

France entière repousse, qu'ils s'efforcent plutôt, par un travail mieux en rapport avec les exigences économiques de l'époque, de ressaisir la fortune qui leur a échappé.

IX

On nous objectera peut-être qu'hier encore le Royaume-Uni protégeait son agriculture. Le fait est vrai. Mais il est bon de faire observer que, durant toute la période de cette protection, l'industrie anglaise ne connaissait pas de rivale au monde. Sa supériorité était tellement écrasante, absolue, que les cotonnades, le fer et autres articles manufacturés en Angleterre, triomphaient sans conteste sur toutes les places du globe.

Quelle était la conséquence d'un pareil état de choses ? C'est que les producteurs de céréales de ce pays prenaient, au moyen de la protection, leur part dans les bénéfices énormes que faisaient ses manufacturiers.

Le jour arriva enfin, où la plupart des peuples de l'Europe, mieux avisés sur leurs intérêts, fermèrent leurs marchés aux objets de fabrication britannique, et, s'adonnant à un travail réfléchi et sans relâche, se mirent en mesure de confectionner presque à aussi bas prix les mêmes objets.

Dès lors les bénéfices de l'industrie anglaise commencèrent à décroître dans des proportions qui, sans être encore très-inquiétantes, ne pouvaient déjà plus subir le partage précédemment concédé à l'agriculture. Ç'en était fait des sources de la prospérité de nos voisins, si le même système avait toujours prévalu chez eux. Ils étaient trop habiles pour ne pas s'en apercevoir: aussi s'empressèrent-ils de rendre à une liberté complète le commerce des grains.

Notre industrie ne se trouve pas dans de

meilleures conditions que celle des trois royaumes à l'époque où ce système économique y fût décrété. — Elle ne peut donc admettre aucun partage de ses profits, et ce ne serait qu'en faisant péricliter la fortune de la France que l'on reviendrait, pour les céréales, au régime protecteur.

Il est sans doute très-affligeant de voir des citoyens laborieux, paisibles, exempts d'ambition, n'ayant jamais cherché le gain dans des marchés aléatoires, perdre, sans qu'il y ait de leur faute, une partie de leur fortune. Mais c'est là loi du progrès, qui, pour le bonheur des masses, froisse souvent les intérêts d'un certain nombre de producteurs. Les agriculteurs ne sauraient s'y soustraire, s'ils ne parviennent pas à établir un nouveau régime d'assolement aussi rémunérateur que l'était autrefois la culture des céréales ; ou bien encore s'il n'est pas possible de leur venir en aide autrement qu'avec des droits sur les blés étrangers.

X

On a souvent dit aux agriculteurs : « Changez vos assolements. » Mais on ne s'est pas rendu compte des difficultés que présente la mise en pratique d'un tel conseil. Elle réclame des capitaux et des terrains propices, qui sont rarement, les uns et les autres, à leur disposition.

Nous avouerons toutefois que malheureusement nos cultivateurs français ne sont rien moins que prime-sautiers. Ils ont un déplorable éloignement pour les innovations, et rien n'est difficile comme de les faire revenir sur les nombreux préjugés qui les tiennent sous le joug. Ainsi, par exemple, beaucoup moins avares de leur temps que de leur modeste pécule, ils répugnent généralement à acheter le blé qu'ils consomment, et veulent à toute force le récolter sur leurs champs, bien qu'alors il leur revienne à un prix supérieur.

Ne les blâmons pas trop. C'est le souvenir des nombreuses disettes dont la France a souffert qui les engage dans cette voie. Mais lorsque le temps, et c'est l'affaire du temps, les aura convaincus que le retour de ces calamités est désormais impossible, ils modifieront leurs habitudes irréfléchies.

On leur a dit encore : « Diminuez vos prix de revient. » Dans l'industrie, sans doute, on peut y parvenir en se servant de procédés plus perfectionnés ; mais, dans l'agriculture, ce n'est guère possible qu'en accroissant la production. Or, si l'on augmente les produits en quantité, les prix diminueront, et le cultivateur ne fera que souffrir davantage.

Toutefois, il serait possible de fumer davantage et d'emblaver de plus petites étendues de céréales. De cette manière on en obtiendrait à peu près la même quantité, et l'on cultiverait d'autres denrées sur les terres délaissées, ce qui évidemment diminuerait les frais proportionnels.

XII

Un illustre académicien, M. de Lavergne, dont le nom fait justement autorité en agriculture, a demandé récemment que le blé étranger fût frappé, à son entrée dans l'Empire, du droit d'un franc par hectolitre. D'après ce savant économiste, ce droit correspondrait à l'impôt qui atteint en France le blé indigène. M. de Lavergne propose en outre d'étendre cette protection à toutes les productions agricoles, c'est-à-dire à la laine, à la viande, etc. — Au reste, voici comment il s'exprime dans la lettre qu'il vient d'adresser au journal l'*Écho agricole*.

« *Je persiste à croire que ce droit* (1 fr. « par hectolitre) *serait tout au plus l'équi-* « *valent de l'impôt* (qu'il évalue à 250 mil- « lions) *payé par les blés français. Il ne mé-* « *rite donc pas l'épithète de protecteur que* « *vous lui donnez quelquefois. C'est un droit* « *fiscal destiné à égaliser la charge de l'im-* « *pôt, voilà tout... Je suis, vous le savez, un* « *partisan très-décidé de la liberté commer-* « *ciale, sous la seule condition d'un impôt* « *proportionnel* (pour toutes les produc- « tions agricoles d'un pays : les laines, la « viande, etc.). *Admettre les blés étrangers* « *sans les soumettre à un impôt, c'est faire* « *de la protection à rebours, et protéger les* « *blés étrangers aux dépens des nôtres. Les* « *conséquences ne sont pas bien grandes, je* « *le reconnais, mais, quelles qu'elles soient,* « *elles violent l'égalité.* »

M. de Lavergne, bien qu'il se dise dans les lignes ci-dessus partisan très-décidé de la liberté commerciale, réclame néanmoins des droits à l'entrée sur les céréales, et se trouve ainsi en désaccord avec nous. — Il ne nous est donc pas possible de laisser sans réponse les raisonnements sur lesquels il s'appuie pour faire valoir l'intervention fiscale qu'il propose.

Nous ferons remarquer d'abord qu'en se renfermant dans la lettre et l'esprit même de cette phrase : « *Ce droit doit être l'équivalent de l'impôt payé par le blé français* », on ne peut s'empêcher de reconnaître que le droit d'un franc sur chaque hectolitre de blé étranger est bien loin d'atteindre l'énormité de celui qui résulterait du principe d'équivalence sur lequel M. de Lavergne se fonde. — L'agriculture ne paye pas seulement 250 millions au fisc, mais elle entre encore pour sa quote-part dans les deux milliards qui forment, avec la première somme, la totalité de nos impôts. Ce ne serait donc pas d'un franc qu'il faudrait charger par hectolitre les grains étrangers, mais bien, en réalité, d'une somme quatre ou cinq fois plus considérable. C'est assez dire que *le droit équivalent* de M. de Lavergne aboutit, en fin de cause, à un droit protecteur très-élevé.

Quant au principe d'équivalence lui-même, il nous paraît non-seulement incompatible avec la qualification de partisan très-décidé du libre échange, que s'attribue l'honorable signataire de la lettre à l'*Écho agricole*, mais de plus en parfaite discordance avec les saines doctrines de l'économie politique. — Pourquoi vouloir équilibrer les productions étrangères avec les productions françaises en se basant sur l'impôt que ces dernières supportent? Toutes les fois qu'un impôt n'est ni une exaction, ni un tribut, est-ce qu'il n'est pas largement compensé par les nombreux services que l'État rend aux contribuables? — N'est-ce pas au moyen de l'impôt que les canaux se creusent, que les grandes routes s'ouvrent, que les voies ferrées s'établissent? N'est-ce pas par son entremise que l'on rend la justice, que l'on assure l'ordre et le crédit, que l'on maintient la confiance et la sécurité, toutes choses, on en conviendra, essentielles au producteur?

M. de Lavergne, qu'il nous permette de le lui dire, nous semble, en vérité, sans qu'il s'en aperçoive, passer dans le camp des protectionnistes, dont il réprouve les opinions. Il revêt, en effet, leur armure habituelle. — N'est-ce pas toujours au nom de l'égalité, et pour équilibrer entre elles les forces productrices, que les protectionnistes de tous les pays et de tous les temps ont réclamé des droits à l'importation des marchandises?

Telle nation, disent-ils, a des capitaux à meilleur marché que nous: équilibrons!

Les débouchés de celle-ci sont plus nombreux que les nôtres: équilibrons!

Cette autre possède pour les fabrications de toute sorte des aptitudes qui nous manquent : équilibrons encore, équilibrons toujours !

Nous condamnons souvent ce régime d'équilibre, et cependant un tel balancier économique est parfois plus facile à légitimer que celui de M. de Lavergne relativement aux droits sur les céréales.

XIII

N'existe-t-il donc aucune mesure pratique qui nous permette de venir en aide aux agriculteurs? — Il en est plusieurs qui méritent toute confiance. On trouverait d'abord un remède à leurs souffrances dans une répartition plus équitable des impôts entre tous les citoyens, et particulièrement dans une réforme de notre législation sur l'enregistrement et sur les hypothèques.

Autrefois l'agriculture était notre unique richesse. On appelait le pâturage et le labourage les deux mamelles de la France. Il était donc naturel que toutes les charges s'apesantissent sur le sol.

D'ailleurs, il jouissait de certains priviléges. On se rappelle le double vote pour l'élection des députés. Nombre d'autres lois étaient faites dans l'intérêt des propriétaires agricoles. Ainsi l'approvisionnement du marché français était monopolisé entre leurs mains.

Le gouvernement ne faisait pas même mystère qu'en frappant de droits à l'importation les grains, les laines, les chanvres, les suifs, les peaux, les huiles, le bétail, et qu'en protégeant la fabrication du fer au bois, il voulait assurer à ces mêmes propriétaires des prix rémunérateurs. Ils auraient donc eu alors bien mauvaise grâce à se plaindre.

Mais depuis l'abolition des priviléges politiques et économiques, depuis que la richesse mobilière est montée au niveau, ou plutôt au-dessus du niveau de la richesse agricole, l'ancien système fiscal n'a plus de raison d'être, et le faix des impôts doit être supporté également par ces deux sortes de richesses.

Quoi! j'achète et revends une propriété immobilière de cent mille francs, et je suis obligé, pour effectuer ce double marché, de laisser le cinquième, ou vingt mille francs, entre les mains du Gouvernement et celles d'agents patentés, tandis que, pour la cession et la rétrocession de pareille valeur en actions de chemins de fer, je n'ai à perdre qu'une centaine de francs!

N'y a-t-il pas là une injustice révoltante, monstrueuse, qui oblige à une réforme des lois sur cette matière? Que de faits aussi criants ne pourrions-nous pas citer qui incriminent au même degré nos lois sur les hypothèques!

XIV

Il est en outre essentiel de mettre fin à l'anomalie d'une situation dans laquelle nous voyons la campagne sacrifiée aux villes, et cela sur cette terre de France qu'on appelle la terre de l'égalité.

Nous allons faire toucher au doigt, rendre parfaitement palpable, que les citadins abusent de leur agglomération, ainsi que des facilités de coalitions qui en résultent, pour opprimer et dépouiller l'habitant des campagnes.

Tout le monde le sait, les villes prélèvent à leurs portes des droits sur presque toutes les denrées qui s'y consomment. En définitive, qui paye ces droits? La réponse à cette question est des plus importantes. Si l'on croyait, par aventure, que ce sont les consommateurs urbicoles, on serait démenti par les maires de toutes les cités où l'on a voulu réduire les droits d'octroi. Chaque fois qu'une pareille mesure a été prise, c'est à peine si les marchandises exonérées baissaient de prix. — Nous ne serions pas non plus dans le vrai en prétendant que cette fiscalité pèse entièrement sur l'agriculture; mais il est incontestable qu'elle en supporte une partie notable.

Cela est-il équitable? Quels cris de réprobation ne se feraient pas entendre dans les villes si, par réciprocité, leurs productions étaient soumises à quelques droits au profit de la campagne chaque fois qu'elles y seraient importées!

Dans les régions du pouvoir, on célèbre, sur tous les tons, les avantages du libre échange, et au lieu de commencer par en doter les centres de population, ce qui accroîtrait certainement la prospérité de l'Empire, on veut l'appliquer aux seuls échanges internationaux, où ses bienfaits sont quelquefois contestables. Il y a là une extrême inconséquence, qui ne peut s'expliquer que par le désir d'enrichir les cités aux dépens des campagnes.

Poursuivons. L'impôt juste, légitime, que l'on prélève sur les exploitations rurales, se monte, comme on le sait, à de très-fortes sommes. Dans quels lieux se dépense-t-il? En presque totalité dans les villes.—N'est-ce pas là en effet que résident les fonctionnaires publics les plus importants? Or, on sait que de cette dépense résulte un accroissement dans le loyer des boutiques, magasins, logements, et conséquemment une augmentation de fortune pour les citadins, au moyen d'une distribution essentiellement inégale de la bourse de tous.

Ce tableau d'iniquités va se rembrunir davantage. — L'or que les cités ravissent à la campagne par les octrois, dans ce moment qu'en font-elles? De toutes parts, sous l'impulsion de la même idée, elles l'emploient à des constructions gigantesques, plus magnifiques qu'utiles, qui lui enlèvent une multitude d'ouvriers. Elles aggravent ainsi la position du cultivateur, en accroissant les frais exigés par ses productions, alors déjà qu'il gémit de sa détresse.

Ce n'est pas tout. Les villes s'embellissent comme par enchantement. Des monuments de toutes sortes y charment la vue. Une lumière aussi vive que le jour les éclaire pendant la nuit. Elles pullulent en établissements où le plaisir et l'instruction se distribuent à peu de frais et quelquefois gratuitement. La conséquence, c'est que l'on rend leur séjour si délicieux que la plaie de l'absentéisme vient mettre le comble aux souffrances de la campagne.— Si encore les habitants des cités, pour l'exécution de ces travaux si souverainement préjudiciables à l'agriculture, n'avaient recours qu'à leurs propres deniers, elle ne pourrait que s'incliner et subir fatalement sa destinée. Mais n'a-t-elle pas mille fois sujet de récriminer, puisqu'elle fournit, comme on le dit vulgairement, les verges avec lesquelles on la fustige?

Il est navrant de le dire, mais nous venons de le constater, l'homme des champs est sacrifié à l'homme des villes; c'est le premier qui paye en grande partie le confortable et le superflu du second. Aussi tout ce que l'accumulation des richesses peut engendrer d'utile et de beau se multiplie dans les cités avec une rapidité inouïe, tandis que, comparativement à elles, les campagnes, que l'on spolie, semblent reléguées en dehors de toute voie progressive.

N'est-il pas du plus simple bon sens que, si l'on reconnaît tant d'avantage au libre échange, il faudrait commencer par affranchir la circulation de l'intérieur avant celle d'État à d'État, et avec d'autant plus de raison que les bons effets de cette seconde franchise sont souvent contestables?

On nous objectera peut-être que, par la force des choses, les richesses de la campagne, après avoir été agglomerées dans une ville, sont reportées par un contre-courant jusqu'à leur source. Profonde erreur! Il se déclare sans doute un faible reflux, mais qui s'arrête à une petite distance.

En effet, suivez-le! Là où il n'est plus possible de faire transporter les engrais de la ville, il devient à peine perceptible. Depuis plus de cent ans, en ce lieu, tout est presque stationnaire. — Ce sont à peu près les mêmes cabanes pour habitations, — les mêmes fondrières pour chemins; tandis que, dans l'enceinte réservée aux priviléges, aux faveurs de toute sorte, on a peine à suivre de l'œil les innovations, les perfectionnements, qui s'y succèdent.

Quel contraste! D'un côté, des magnificences sans nombre, et de l'autre, on peut le dire, manque jusqu'à un certain point du nécessaire !

Quelque affligeants que paraissent, dans leur authenticité, les faits que nous venons d'exposer, nous craignons fort qu'il ne soit très-difficile, malgré l'amour que l'on professe pour le libre échange, de faire accepter, en ce qui concerne les villes, les mesures qui pourraient émanciper le cultivateur et l'affranchir des indignités que nous avons signalées.

L'illustration d'un règne, si nous consultons nos annales, se concilie mal avec le bonheur des campagnes. On se rappelle malheureusement trop que leur reconnaissance envers celui de Louis XII, pour toute la sollicitude qu'on leur portait alors, n'a rendu ce siècle que médiocrement célèbre, tandis qu'il en a été tout autrement de celui de Louis XIV, que de gigantesques constructions, que des encouragements de toute sorte prodigués aux arts et aux artistes, ont immortalisé.

Il est donc fort à craindre qu'à notre époque, où le prestige des noms est porté si haut, où il est si avantageux de les environner d'une auréole de gloire, nos gouvernants ne se résignent pas à arrêter ces splendides travaux qui rendront leur mémoire impérissable, et en conséquence ne se dessaisissent pas des facultés sans doute légales, mais suivant-nous très-condamnables, qui en facilitent l'exécution.

XV

Résumons-nous :

L'agriculture n'est nullement fondée dans sa requête à la nation pour obtenir que l'on revienne à l'ancienne législation protectrice des céréales ; mais elle doit solliciter avec la plus vive instance :

1° Une répartition plus équitable des impôts ;

2° Une réforme dans la législation des hypothèques et de l'enregistrement,

3° L'abolition des octrois.

Qu'elle n'oublie pas encore de réclamer le perfectionnement des voies navigables, de manière qu'il soit possible de se procurer en abondance, et à un taux minime, les marnes, les engrais, les fumiers, etc., toutes matières encombrantes, n'ayant que peu de valeur relativement à leur poids, et qui conséquemment ne peuvent supporter les frais de transport par chemins de fer.

C'est par ce redressement, c'est de cette amélioration que l'agriculture peut espérer le soulagement de ses misères. C'est là seulement qu'il lui faut le chercher. — Elle doit s'attendre à de nombreuses, à de puissantes oppositions. Mais qu'elle s'organise en ligue pacifique, qu'elle propage partout les saines doctrines de l'économie sociale, la vérité jaillira de ses efforts, et le succès les couronnera! Prenez donc courage,

Chers enfants de Cérès, ô chers agriculteurs,
Vertueux nourriciers de vos persécuteurs,
Un temps viendra *bientôt* où des lois plus humaines
De vos bras opprimés relâcheront les chaînes (1)!

(1) Voltaire.

CHAPITRE IV.

Réponse à une objection contre le libre échange des céréales.

I

Loin de nous la pensée de contester les souffrances des agriculteurs. Nous avons même vivement réclamé l'adoption de diverses mesures destinées à les aider dans la crise qu'ils traversent, à les défendre contre les injustices qu'ils ont à subir. Mais nous maintenons que, dans l'intérêt général, ces mesures ne doivent, en aucune sorte, accroître les droits actuels sur l'importation des céréales (toutes réserves faites, cependant, pour ce qui concerne le pavillon étranger).

Il reste encore certains mystères à pénétrer pour parvenir à l'exacte appréciation des phénomènes économiques relatifs aux échanges internationaux. La lutte, véritablement stérile, à laquelle ne cessent de se livrer les protectionnistes et les libre-échangistes, en est la preuve manifeste.

Il est vrai que dans ces derniers temps ceux-ci sont parvenus à conquérir une haute influence dans les conseils de l'Empire ; mais ce succès, qui ne tranche pas la difficulté, peut s'expliquer aisément. Presque tous publicistes aguerris ou professeurs émérites, ils unissent le don de l'éloquence, la richesse du style, à l'esprit de prosélytisme. De plus, ils sont les apôtres d'une doctrine à laquelle le noble sentiment de la liberté humaine semble présider.

On ne peut le nier, les protectionnistes ne disposent pas des mêmes moyens de séduction. Si, d'un coté, ils ont la réputation d'être plus entendus dans la pratique des affaires, d'un autre ils sont moins puissants par la parole, et l'expérience, à laquelle ils en appellent trop souvent pour combattre leurs antagonistes, est toujours bien lente à prononcer ses jugements.

Quelle que soit néanmoins la vogue dont peuvent jouir les deux théories qui défrayent cette éternelle polémique, nous ne les acceptons ni l'une ni l'autre pour la France. D'après nous, le seul système économique qui lui convienne, comme nous croyons l'avoir démontré, consisterait dans le *libre échange des céréales* et dans une légère protection (dont nous avons déjà donné la mesure) accordée aux industries les plus lucratives, pendant tout le temps qu'elle leur serait indispensable pour soutenir la concurrence étrangère.

Notre intention n'est point de développer les divers arguments qui militent en faveur de nos doctrines : nous dirons seulement que, pour les fonder, nous nous sommes particulièrement appuyé sur la considération suivante, qui jusqu'ici a échappé aux économistes.

« *Les échanges quelconques effectués en* « *toute liberté, bien loin de se conclure avec* « *une parfaite égalité pour chacune des par-* « *ties contractantes, sont entachés, en Europe,* « *d'un désavantage tout spécial pour l'agri-* « *culture. Par contre, ils favorisent au plus* « *haut degré les industriels, qui, en consé-* « *quence, accaparent les capitaux du monde,* « *tandis que les pays uniquement producteurs* « *de céréales sont condamnés à rester station-* « *naires, sinon à rétrograder, sur le chemin* « *de la fortune.* »

II

Aujourd'hui, dans le but de s'opposer au libre échange des céréales et de combattre les doctrines qui tendent à le maintenir, on nous fait une objection à laquelle nous avons hâte de répondre :

« Vous prétendez, nous a-t-on dit, que la « richesse d'un État en bonne situation « financière est due presque en totalité aux « arts manufacturiers qui fleurissent dans « son sein. — Mais chez qui voulez-vous « que les industriels aillent la recueillir, cette « richesse, si ce n'est chez les agriculteurs? « Il faut donc que l'agriculture soit prospère, « afin que l'industrie le soit également.

« Souffrez alors que l'on frappe de droits « les céréales à leur entrée en France,

« pour que nos cultivateurs ne succombent « pas par le fait de leur invasion, et puissent « fournir un apport fructueux à ces profes- « sions sur lesquelles vous comptez pour « rendre notre nation opulente. »

Ce raisonnement ne manquerait pas de valeur s'il s'agissait d'un pays de peu d'étendue qui n'aurait aucune relation avec le dehors. Certes, l'industrie aurait alors besoin que l'agriculture fût riche, afin de le devenir pareillement. — Mais ce n'est là qu'une hypothèse tout à fait chimérique.

En réalité, l'industrie, bien mieux douée que l'agriculture, grâce à la faculté d'émigration lointaine que ses produits tiennent le plus souvent de leur inaltérabilité, de leur légèreté, de leur peu de volume, et par-dessus tout grâce au bénéfice important qu'elle en retire, a la possibilité de les envoyer dans toutes les contrées du monde, même les plus pauvres (on sait qu'alors, pour la plupart, elles ne sont qu'agricoles), en extraire une partie des faibles ressources qu'elles possèdent, et ramener cette partie à leur point de départ.

D'abord, l'industrie a toujours des marchandises d'un usage très-commun, telles que les tissus grossiers, les ustensiles indispensables en fer, fonte, etc., qui y trouvent un facile débit. Ensuite, comme les cultivateurs malaisés, auxquels elle s'adresse, sont répartis par groupes qui travaillent pour de grands propriétaires terriens (1), elle trouve encore dans ces derniers un débouché à ses produits les plus luxueux.

Dès lors donc que toutes les nations de l'Europe seraient presque dans la détresse, la première d'entre elles qui se rendrait industrielle pourrait, malgré la pénurie générale, s'élever à la fortune, et acquérir sur toutes les autres une prépondérance des

(1) Un pays peut être pauvre, et renfermer cependant un certain nombre de propriétaires riches.

plus marquées. C'est ainsi que dans l'ancien temps la Phénicie, Carthage, Athènes, Milet, etc., et dans le moyen âge la Hanse, Venise, Amalfi, Gênes, etc., ont pu amasser de grandes richesses.

Nous ferons encore observer, à l'appui de notre thèse, que la richesse d'un peuple doit s'apprécier moins par l'évaluation des capitaux de toute espèce qui lui appartiennent que par leur comparaison avec ceux possédés par les autres peuples.

III

Ce n'est pas tout, nous allons montrer que l'agriculture tient presque toujours ses richesses des arts industriels. — N'est-ce pas auprès des localités où les fabriques abondent qu'elle commence à prospérer ?—Avez-vous jamais vu en Europe une agriculture riche poindre dans un lieu éloigné des manufactures ?

On ne peut le méconnaître, les richesses accumulées par les centres industriels y développent une population riche et nombreuse, essentiellement consommatrice, et c'est cette population qui, par ses appétits constamment éveillés, par le prix qu'elle peut donner aux denrées qu'elle achète, par la rémunération notable qui en résulte pour le cultivateur, l'excite à multiplier ses produits (1) et à faire fructifier sur ses héritages les plantes qui rapportent le plus, les plantes maraîchères par exemple.

L'industrie, à un haut degré de développement, non-seulement détermine ces heureux résultats, mais encore elle fait sortir du

(1) Dans toutes contrées l'ouvrage ne manque jamais, mais, ce qui manque le plus souvent, c'est l'ouvrage donnant lieu à un travail suffisamment rémunérateur.

sol des édifices à six et sept étages, qui donnent à ceux qui les possèdent des revenus et des capitaux fabuleux. — Bien plus, comme la possession de vastes domaines est une satisfaction que recherchent avec empressement les riches industriels, ils ne manquent pas d'acquérir ceux qui les avoisinent, et, déversant sur eux le capital qu'ils doivent à l'industrie, ils augmentent et leur fécondité et leur valeur.

Telles sont les raisons pour lesquelles la France, la Belgique, l'Angleterre, la Hollande, pays industriels, ont un sol si généreux et si fertile. L'agriculture d'un pays doit donc entrer en liesse lorsque les arts industriels, nous comprenons parmi eux ceux de la navigation, y font de grands progrès. Viennent-ils au contraire à dépérir, quoi que l'on fasse, quels que soient les moyens que l'on emploie pour sauvegarder cette profession, dont la nécessité est absolue, on ne pourra l'empêcher de déchoir?

N'avons-nous pas l'exemple de toutes les anciennes cités italiennes qui s'étaient enrichies par le commerce, la navigation et les fabriques? — Autour de ces cités, la terre avait une fécondité surprenante, qui a disparu avec leur opulence. Aussi par elle-même l'agriculture est-elle impropre à doter un pays d'une richesse importante, et cette vérité s'affirme encore bien davantage par l'exemple de toutes les contrées où les cultivateurs isolés, abandonnés à leurs seules ressources, n'ont pas à leurs côtés ces industriels dont nous avons signalé l'utile coopération. Nous citerons la Russie, la Pologne, la Turquie, le Maroc, etc., nations essentiellement agricoles, et partant d'une pauvreté incontestable.

IV

Nous venons de le voir, l'industrie est l'agent créateur qui vivifie l'agriculture et la rend florissante. Reconnaissons toutefois que cette dernière, à mesure qu'elle devient plus prospère, se montre de plus en plus reconnaissante de l'assistance qui lui a été donnée. — Néanmoins, si l'industrie et l'agriculture peuvent être considérées comme deux sœurs qui marchent ensemble à la conquête des richesses, celle-ci n'est qu'une sœur cadette qui, au lieu de mettre sa confiance en elle-même, doit au contraire tout attendre de son aînée, et ne jamais songer à lui porter atteinte.

Jusqu'à un certain point, l'agriculture, par

suite de la quasi-permanence (1) des revenus qu'on en retire pendant une longue suite d'années (en tenant compte de la dépréciation du numéraire), peut être considérée comme un vaste réservoir où l'on conserve les capitaux.

Sans doute ses progrès et ses revers sont subordonnés à ceux de l'industrie; mais comme ils résultent non d'une fabrication particulière, dont l'existence est toujours très-accidentée, mais de l'ensemble des fabrications de toute sorte, dont les diverses influences sur l'accroissement ainsi que sur la diminution de la richesse publique, en général, se compensent, on s'explique aisément comment

(1) En Angleterre, les diverses institutions, telles que les hôpitaux, les écoles, etc., dont l'existence reposait sur des revenus en terre affectés à leur entretien, ont conservé depuis trois ou quatre siècles la même importance. Il n'en a pas été de même de celles que l'on avait fondées en y consacrant des rentes en numéraire; chaque année leur décadence se prononce de plus en plus.

il se fait que les fluctuations dans le capital dont dispose cette excellente mère qui pourvoit à nos besoins les plus essentiels doivent longtemps rester presque insensibles.

V

Ce sont les statistiques, publiées chaque année, connues de tous, qui, interrogées, nous ont appris que le bénéfice fait par l'agriculteur était moindre que celui de l'industriel relativement à la valeur du capital que chacun d'eux emploie. On pouvait directement et sans leur secours mettre hors de doute cette vérité.

En effet, la terre s'achète fort cher : environ sur le pied de 100 fr. pour 2 fr. 50 à 3 fr. de revenu ; et tous les travailleurs qu'on y occupe reçoivent une rémunération journalière des plus modiques; tandis que, dans l'industrie, les salaires, les traitements, les honoraires, s'élèvent à plus du double, et les intérêts des fonds qu'on y engage se montent d'ordinaire au moins à 10 p. 100.

Aussi de nos jours les diverses personnes qui coopèrent à la production du blé, en comprenant parmi elles les bailleurs de capitaux (vieillards, femmes et enfants), exercent-elles, l'une dans l'autre, une des professions les moins rétribuées.

Il n'en a pas toujours été de même. Autrefois, à l'aurore de la civilisation, le labourage et la culture en général donnaient des profits considérables, profits qui, contrairement à ce qu'on observe aujourd'hui, l'emportaient de beaucoup sur ceux que l'on retirait du pâturage.

Ce fut sans doute cette considération qui détermina les Carthaginois à proscrire la culture des grains en Corse et en Sardaigne, afin de s'en réserver autant que possible le monopole. Par suite d'une telle prohibition, les habitants de ces îles étaient contraints, pour vivre, de se livrer en masse à l'élevage du bétail, dont l'échange, fait suivant les prix courants (1), avec le grain fourni par leurs dominateurs, laissait à ceux-là une misère dont ils ne pouvaient s'affranchir, et procurait à ceux-ci d'énormes bénéfices. N'oublions pas que ces derniers s'enrichissaient encore des gains très-importants auxquels donnent lieu les transports maritimes.

Que les diverses industries parviennent à pouvoir s'implanter partout, avec facilité, sur la surface du globe, comme, en raison de la multiplication de la race humaine, les

(1) Du temps de Solon, avec deux ou trois hectolitres de froment on acquérait un bœuf de moyenne grandeur. De nos jours, pour faire une acquisition pareille, il faudrait environ quinze hectolitres de la même céréale.

céréales arriveront à être de moins en moins communes, alors les arts industriels n'auront plus, à l'égard des avantages qui résultent de leur exercice, la même supériorité; alors le système que nous cherchons à faire prévaloir devra subir des modifications.

A l'époque où les manufactures de l'Angleterre étaient sans rivales, cette nation ne courait aucun risque en attribuant une part du profit qu'elle en tirait à son agriculture! Mais lorsque leur suprématie en Europe ne fut plus aussi absolue, par une mesure de salut public, elle dut réformer son régime économique en rendant complétement libre l'importation des matières premières.

Dans l'état d'infériorité relative où sont les fabriques de France, nos agriculteurs ne voudront pas que, par ce temps de lutte acharnée, cette infériorité s'accuse chaque jour davantage. D'après ce que nous avons vu, bientôt atteints eux-mêmes, ils ne manqueraient pas, mais un peu tard, de déplorer les résolutions inconsidérées, maladroites, qu'ils auraient fait adopter.

Deuxième Partie.

Nous allons passer en revue les discours prononcés dernièrement par M. Charles Dupin devant le Sénat et M. Thiers à la Chambre des députés, pour obtenir la révision de la loi actuelle sur les céréales. — Malgré la mâle éloquence avec laquelle ces orateurs éminents ont soutenu leurs convictions, malgré l'autorité que leur donnent un talent reconnu, une science incontestée et une grande illustration, nous espérons démontrer qu'ils ont été parfois mal inspirés dans quelques parties de leurs brillants plaidoyers.

Esprits généreux, esprits sincères, ils s'élèvent avec raison contre le libre échange absolu ; mais, en voulant partout et toujours opposer une digue à ses entraînements, ils ne s'aperçoivent pas qu'ils peuvent frustrer la France des avantages que le libre échange tempéré est à même de lui offrir.

En transcrivant ici les extraits de ces discours qui se rapportent plus spécialement à la question des céréales, nous répondrons à chacun des passages qui tendent à invalider nos doctrines, sans nous priver cependant du plaisir de signaler ceux avec lesquels nous sympathisons complétement. — Cette méthode d'examen nous paraît infaillible pour arriver à la connaissance de la vérité.

FRAGMENTS

DU DISCOURS PRONONCÉ DEVANT LE SÉNAT PAR M. CHARLES DUPIN, ET EXAMEN DES DOCTRINES ÉCONOMIQUES DE CE SÉNATEUR.

« Messieurs les sénateurs, je vous prie d'excuser la faiblesse de mon organe. S'il ne s'agissait pas d'une des circonstances les plus importantes qui sont relatives aux intérêts de notre pays, je garderais le silence. J'avais cru, dans la dernière séance, entendre notre honorable collègue (M. Michel Chevalier) dire qu'après tout, il ne s'opposait pas au renvoi des pétitions. Je crois l'avoir entendu. (Plusieurs voix : Oui ! oui !)

Le fait est consigné dans le procès-verbal; cependant il s'y oppose maintenant; il en a parfaitement le droit : oublions cette évolution. J'entre en matière.

Sa Majesté, toujours attentive aux souffrances, aux besoins, aux vœux des populations, s'est empressée d'annoncer, dans le discours du Trône, qu'une enquête serait ouverte sur la situation des classes agricoles et sur les améliorations que le législateur peut apporter à leur sort.

Je commencerai par exprimer ici la reconnaissance que les cultivateurs éprouvent pour cette généreuse et bienveillante initiative; je ne l'exprimerai pas moins au sujet des paroles que M. le Ministre d'Etat, après un débat très-éloquent, très-solennel, a prononcées, en déclarant que le Gouvernement prendrait les mesures qui seraient reconnues utiles et nécessaires pour améliorer les lois qui peuvent influer sur les souffrances et le sort des agriculteurs.

En ce moment, nous avons à statuer sur des pétitions qui nous sont présentées au sujet du commerce des céréales et des pertes qu'éprouvent de nombreux cultivateurs dans nos diverses régions, et surtout dans le midi de la France.

Ces pétitions sont devenues le sujet d'un rapport considérable, écrit avec un rare talent, et dans lequel on reconnaît l'expérience et l'habileté d'un vétéran de la diplomatie. Notre très-honorable rapporteur s'efforce de démontrer les illusions, les erreurs, de plusieurs pétitions, et surtout des cultivateurs de Lesparre, en proposant néanmoins le renvoi de leurs plaintes à M. le Ministre de l'agriculture.

Par ce moyen ingénieux, les antagonistes des intérêts agricoles, satisfaits et charmés par le texte du rapport, voteront le renvoi de ces doléances, mises d'avance au néant; en même temps, les sénateurs, plus sympathiques aux souffrances de l'agriculture, et qui, bien ou mal exprimées, n'y compatissent pas moins, ceux-là voteront avec un plaisir encore plus vif un renvoi, preuve d'un véritable intérêt.

Enfin, pour compléter l'éloge du rapport, le très-honorable préopinant, si favorable au libre échange, a fini par dire : Je voudrais avec plaisir voter le renvoi du rapport, mais à condition qu'on ne renverrait pas les pétitions. Cela constituerait, vous en conviendrez, une addition singulière au droit de pétition quand il s'agit d'agriculture. (On rit.)

Le fond de toutes les doléances est si considérable et d'un intérêt si national, que le Sénat a a toujours pris à l'agriculture, qu'il faut en donner une preuve de plus, que nous aussi nous devons voter pour le renvoi.

Mais je ferai, sérieusement, un autre éloge du rapport. A l'égard du talent, il ne peut exister deux opinions; et lorsque nous faisons tant de pertes graves, nous devons être très-heureux de voir au milieu de nous quelques nouveaux collègues qui puissent nous consoler de toutes nos peines. (Très-bien ! Très-bien !)

Les personnes qui, comme moi, ont le tort de prendre à l'agriculture le plus profond intérêt, »

Tout le monde en France porte le plus vif intérêt à l'agriculture. Il n'y a de divergence dans les opinions que sur les moyens qui doivent être mis en usage pour lui être utile.

« croyez-vous qu'elles iront prendre à partie la pétition de tel comice agricole, de telle réunion d'agriculteurs, pour dire à leurs sincères et modestes signataires : Comment ! vous n'êtes pas plus savants ! vous n'êtes pas plus profonds ! vous n'alignez pas mieux d'immenses colonnes de chiffres ! Nous allons vous terrasser impitoyablement, et conclure à la mise au néant de toutes vos souffrances.

Non, M. le rapporteur est beaucoup plus indulgent, et certes il a raison.

Nous voilà par conséquent placés dans cette admirable alternative : Êtes-vous libre-échangiste : votez pour le renvoi, puisque le rapport, si favorable à votre idée, se prononce pour le renvoi.

Êtes-vous défenseur de l'agriculture : »

Il semblerait alors qu'on ne puisse être à la fois défenseur de l'agriculture et libre-échangiste. Nous sommes loin d'admettre cette opinion. — Partisan du libre échange des céréales, nous prétendons compter parmi les défenseurs de l'agriculture; toutefois, nous voulons l'assister autrement que par des droits protecteurs.

« Eh bien, votez encore pour le renvoi de ces pétitions mêmes stigmatisées par M. le rapporteur et par l'honorable collègue auquel je réponds. La censure systématique nous est parfaitement indifférente.

Me sera-t-il permis de faire une hypothèse comparable à cette illusion du peuple quand il désire quelque chose et qu'il dit : Si j'étais roi ! Je dirais plus simplement, si j'étais ministre des affaires étrangères, au milieu des grandes perplexités qui troublent l'Europe entière et des ambitions qui semblent si difficiles à concilier : M. le prestigieux, pour ne pas dire le prodigieux rapporteur, qui savez si bien concilier tous les contraires et trouver des conclusions qui conviennent à tout le monde, partez, je vous fais ambassadeur. (Hilarité.)

En attendant ce miracle, revenons à notre modeste sujet de commerce et d'agriculture.

Quel est le devoir du Sénat au milieu d'un grave conflit qui s'élève d'une part entre les partisans du libre échange, si hautains, »

Les libre-échangistes peuvent être inculpés d'avoir une conviction trop entière dans leurs doctrines, mais ils ne sont pas hautains pour cela. On ne saurait les rendre tous responsables d'une vivacité qui échapperait à l'un d'entre eux.

« si triomphants, eux qui repoussent de si loin les plus humbles doléances et les personnes qui, comme moi, n'ont jamais cessé et ne cesseront jamais de défendre l'agriculture ?

Nos antagonistes, pour se donner une grande force officielle, veulent se retrancher derrière le Gouvernement : le Gouvernement, affirment-ils, est comme nous ; il est positivement libre-échangiste. Non-seulement il professe le libre échange, mais il le pratique, et c'est sa gloire. Voilà ce que je conteste, moi, positivement, absolument, et bientôt vous allez en juger vous-mêmes. »

Notre opinion est exactement conforme à celle de l'orateur, et nous n'avons pas attendu jusqu'à ce jour pour la formuler, car nous avons dit (1) :

« Nous ne l'ignorons pas, le moment est « loin d'être opportun pour propager des « doctrines protectionnistes, quelque miti- « gées qu'elles soient, bien que le système « économique adopté récemment en France « (nous insistons sur ce point) *soit plus con-* « *forme à nos théories qu'aux doctrines li-* « *bre-échangistes*...... Les libre-échangis- « tes absolus ont peut-être trop facilement « interprété en faveur de leurs doctrines « quelques paroles irréfléchies, échappées à « de hauts personnages, car le Gouverne- « ment français *maintient une certaine pro-* « *tection à divers producteurs, et nous ne* « *concluons pas autrement*. Reste à débattre « le chiffre de la protection. »

(1) *Catéchisme de l'Économie politique*, 4e édition, p. 11.

« Le libre échange, Messieurs les sénateurs, est une alliance de mots ingénieusement réunis pour s'appliquer même aux actes dont il est la négation.

Le libre échange, ce n'est pas uniquement la liberté de vendre ou d'échanger toute espèce de produits ; c'est la faculté, c'est le droit d'accomplir cette vente à la frontière, comme on le fait à l'intérieur, *sans rien payer à l'État.*

Si vous exigez que les échangistes payent des droits, si petits que ces droits puissent être, sachez-le bien, les échangeurs ne se croient plus libres ; et vous, vous n'êtes plus libre-échangistes. En un mot, si vous vous permettez de faire payer quelque chose à l'étranger sous prétexte de favoriser, de protéger nos nationaux, non-seulement vous n'êtes plus libre-échangistes, vous êtes à l'instant l'être le plus réprouvé de la création, le plus suranné, le plus arriéré, le plus ignare de la terre ; vous êtes, *horresco referens*, je frémis de le rapporter, vous êtes des *protectionnistes !*

Ces prémisses posées, passons à l'application. Je choisis, Messieurs les sénateurs, un des actes dont s'enorgueillit le plus le Gouvernement impérial, un acte œuvre personnelle d'un ancien ministre de l'agriculture, du commerce et des travaux publics, aujourd'hui ministre d'État, et, chose qui me plaît beaucoup, notre illustre collègue au Sénat.

Je ne veux ici rien déguiser. Lorsqu'en 1860 fut accompli le traité de commerce entre la France et l'Angleterre, je suis au nombre de ceux qui conçurent, je l'avouerai, les plus vives appréhensions: non point que j'eusse une faible idée de notre industrie nationale et de l'activité, du courage et du génie français, mais j'avais peur de l'énormité des capitaux britanniques, j'avais peur des présents merveilleux que la nature a faits aux Anglais par l'abondance et le bon marché de la houille, du fer, du cuivre et de l'étain, qui, toutes choses égales, leur fournissent les moyens de produire à plus bas prix que nous les mêmes objets manufacturés.

J'avais tort de ne pas croire à toute la prudence du Gouvernement français, et je montrerai bientôt à quel point j'avais tort de ce côté; l'aveu, croyez-le bien, ne coûtera rien à ma sincérité.

Parlons, avant tout, des succès généraux du traité.

Il était naturel que les ministres des deux nations contractantes se félicitassent auprès de leurs concitoyens respectifs des avantages dont ils s'attribuaient les mérites divers.

Mais, ce qu'il y a de merveilleux, c'est que le côté qui fait entendre les cris les moins exagérés est celui qui me semble avoir obtenu les succès du meilleur aloi. »

C'est la France, d'après M. Dupin, qui a obtenu les succès du meilleur aloi à la suite du traité de 1860. Est-ce bien exact? Nous croyons, au contraire, que, si la France a gagné à ce traité, ce que certaines personnes contestent, les Anglais s'en sont encore bien mieux trouvés. Du reste l'orateur l'établira plus tard.

« Messieurs, en 1860, lorsque le traité de commerce allait commencer ses effets, la valeur totale des produits de la France exportés en Angleterre s'élevait à 593,823,846 fr.

Quatre ans plus tard, la valeur des produits semblablement exportés s'élevait à 874,909,080 fr. Ce progrès me paraît considérable, j'y applaudis sans réserve, et les seules personnes qu'il afflige, ce sont messieurs les libre-échangistes. »

Il a été avancé par les journaux protectionnistes, et sans qu'on les ait réfutés, que l'accroissement proportionnel de l'exportation avait été plus grand de 1855 à 1860, époque de protection, que de 1860 à 1865, époque dite de libre échange.

« On pouvait faire mieux, disent-ils, ou plutôt moins mal. Je reviendrai sur leur requête ; mais dés à présent je me range dans la catégorie des satisfaits, des plus satisfaits, et qui ne demandent rien de plus. Si c'est là n'être pas ministériel, j'avouerai franchement n'y plus rien comprendre.

Entrons dans le détail des faits : ils sont d'une immense gravité. Ce qui m'effrayait plus que toute autre chose en 1860, c'était la concurrence avec les cotons français. A cette époque, Messieurs les sénateurs, la formidable Angleterre atteignait le plus haut degré de sa puissance dans les produits qu'elle vendait sur tous les marchés du monde.

Fils vendus à l'univers en 1860 :

Par l'Angleterre . . . . 246,771,870 fr.

Par la France 1,281,485

C'était, par conséquent, sur les marchés neutres, une supériorité de 202 contre un du côté de la Grande-Bretagne. Le Gouvernement français a parfaitement reconnu qu'il était impossible d'ouvrir tout à coup la lice à termes égaux entre ce genre de produits anglais et français ; il a déclaré *qu'il voulait protéger la filature*, et qu'il la protégerait par un droit qui, mis en œuvre, se trouve ainsi qu'il suit pour l'année 1860 :

Droits perçus 522,094

Valeur des fils anglais importés 43,895,723

10 23/100

Passons aux tissus de coton.

L'Angleterre. 105,353,762
La France. 23,956,822

Eh bien, si le tissage français avait été dépourvu de toute protection, ce n'est pas de 23,956,822 fr. qu'aurait été l'invasion, mais de 136,368, 000 fr., c'est-à-dire cinq fois autant.

L'industrie cotonnière aurait péri presque tout entière.

Sans m'arrêter davantage aux protections telles qu'elles sont indiquées par le tableau de 1860, je passe au tableau de 1864.

Il y a dans le tableau général du commerce de France, publié par le ministère des finances, dans la page qui présente le commerce entre la

(1) ANNÉE 1864.

Extrait du tableau du commerce français.

	Valeur des importations.	Droits perçus.	Proportion pour cent.
Lainage et tissus de laine.	26,056,070	3,458,265	13 27
Fer, fonte, acier. .	4,374,928	973,818	22 25
Tissus de coton . . .	7,393,323	852,112	11 22
Machines et mécaniques.	9,742,838	933,809	9 38
Fils de laine.	9,114,369	360,477	3 95
Tissus de soie	4,879,377	82,601	1 72

France et l'Angleterre, deux chiffres : le total des droits perçus dans l'année 1864, c'est 852,112 francs, et la valeur des tissus, c'est 7,793,223 francs, et le dividende est 11 fr. 22 c.

Ainsi on a protégé les tissus de coton par un droit de 11 fr. 22 c. 0/0. Voilà, Messieurs, une des choses les plus indispensables, les plus sages, que le Gouvernement a pu faire, et vous allez en juger.

J'ai pris les tableaux annuels du commerce de la France publiés par le ministère des finances, tableaux rédigés avec un talent incontestable ; je les prends pour mon autorité, j'ai fait un extrait en deux colonnes. Dans la partie de ce ta-

Bâtiments de mer en fer.	8,378,240	659,543	7	68
Fils de coton.	4,882,042	433,052	8	87
Outils et ouvrages en métaux.	4,203,141	414,918	9	87
Ouvrages en caoutchouc	2,351,078	131,189	9	84
Poterie, verres et cristaux	1,970,221	345,075	27	38
Eaux-de-vie, esprits et liqueurs. . . .	1,436,256	336,053	24	79
Papier, livres	1,549,150	40,484	2	61
Soudes	1,266,579	266,254	20	20
Cigares.	1,589,711	49,488	3	11

bleau qui présente le commerce de la France avec l'Angleterre, il y a une colonne qui donne le montant des importations pour chaque genre de produits, une autre colonne donne le montant des droits perçus dans l'année. J'ai divisé les droits perçus par l'évaluation de la somme donnée par le Gouvernement, et j'ai dit : Voilà la protection ! Je ne sais pas si je m'exprime bien clairement, mais enfin vous voyez que je puis donner ainsi la quotité pour cent par laquelle le Gouvernement a protégé.

Je ne fatiguerai pas le Sénat par l'énumération d'une foule d'articles ; il me suffira d'en citer un très-petit nombre.

Je vais dire des choses, non pas que je blâme, mais que j'approuve, et je dirai pourquoi je les approuve. Le premier objet se rapportait aux fils de coton. Pour les fils de coton, dans le traité, en prenant la somme payée dans l'année comme droits, et en divisant cette somme par l'évaluation totale du coton, j'ai trouvé 8 fr. 87 p. 100 de protection. On peut refaire la division. Je ne crois pas m'être trompé.

Voilà le fait ; quant aux chiffres mêmes, je les

ai là, je pourrais vous les indiquer. Ainsi, pour les fils de coton, 433,052 fr. de droits.

Je trouve cela très-bien. J'aurais craint une énorme invasion des fils de coton, car la filature des cotons est une chose capitale dans notre pays, c'est le fondement d'une grande fabrication, d'une fabrication pleine d'avenir, et si j'avais à invoquer dans cette enceinte une autorité compétente, je m'en rapporterais à mon honorable collègue le comte Mimerel, l'un des hommes les plus importants de la fabrique de Roubaix, président du conseil général du Nord, et il nous dirait si j'ai raison. Voilà donc pour les fils de coton, et je remercie le Gouvernement de s'être montré protecteur pour une somme de 8 fr. 87 0/0.

Au sujet des mécaniques, le Gouvernement a encore fait un peu mieux : il a cru convenable d'élever la protection, et j'ai trouvé 9.38 p. 100 de protection. J'augmente d'un pour cent mon compliment (Rires), et je le félicite.

Maintenant je vais passer aux tissus de coton.

Savez-vous pour combien l'Angleterre vend à

l'univers de tissus de coton? Elle en a vendu dans l'année dont je parle pour plus de 1,500 millions de francs. La France, elle, en a vendu pour 96 millions.

Sur les marchés neutres où nous nous présentons, nous ne pouvons offrir qu'un chiffre de 96 millions pour nous défendre contre ce chiffre de 1,500 millions.

Et remarquez qu'il faut comprendre encore les États-Unis. Les Etats-Unis sont encore plus protecteurs que le Gouvernement français. Les Etats-Unis commettent la monstruosité de prélever un droit de 24 p. 100 sur les produits anglais. Il en est résulté que, dans les trente dernières années, un individu nommé Lovel, un homme de génie du pays de Massachussets, s'est transporté sur les bords du Merrimac, où il y avait des chutes d'eau d'une admirable puissance. Il construit un ensemble de fabriques occupant une étendue de plusieurs lieues, de fabriques de coton, qui, aujourd'hui, suffisent à produire, pour les trente-trois Etats d'Amérique, tous les fils et les tissus dont ils avaient besoin. C'est une des plus magnifiques créations de notre époque ; elle s'est faite par le bienfait d'une protection puissante.

Vous voyez que le Gouvernement français a sagement opéré ; il n'est resté qu'à moitié chemin des Etats-Unis, puisque ceux-ci ont poussé leurs droits protecteurs jusqu'à 24 p. 100. Notre Gouvernement a fait preuve d'une modération plus grande de moitié; il ne nous a protégés que de 11.22 p. 100 ; je le félicite pour 11.22 p. 100. »

Il semblerait résulter de ce passage que l'on doit féliciter d'autant plus un gouvernement qu'il frappe les marchandises importées de droits plus élevés. Selon nous, ces droits, lorsqu'il y a lieu d'en établir, doivent se graduer d'après la situation économique du pays, et n'être jamais que très-modérés.

« Au sujet des lainages, la supériorité des Anglais n'est pas aussi grande qu'à l'égard des cotons. »

En conséquence, les lainages auraient dû être moins protégés que les cotonnades, et, comme on va le voir, c'est l'inverse qui a eu lieu.

« Les Français sont très-avancés, mais néanmoins pas assez pour soutenir la libre concurrence ; il a donc fallu les défendre, le Gouvernement l'a parfaitement senti ; aussi il a protégé notre grande industrie des lainages. Cette industrie qui triomphe à Reims et dans le département du Nord, il l'a protégée par un droit de 13.27 p. 100.

J'en suis enchanté, c'est une excellente mesure ; néanmoins, il ne faut pas croire qu'il soit entré pour une faible valeur de tissus de laine anglaise ; il en est entré pour 26 millions malgré cela. S'il n'y avait pas eu de protection du tout, il en serait entré pour 200 ou 300 millions, et vous auriez perdu tout autant dans vos fabriques. »

Nous ne savons ce que les fabriques auraient perdu s'il n'y avait pas eu de protection, toutefois on ne peut dire que la perte qui en serait résultée pour la France aurait égalé la valeur des articles importés. — Mais, ce qui ne peut être mis en doute, c'est que nombre d'entre elles se seraient vues dans la nécessité d'arrêter leurs travaux.

. . . .

« Voilà pourquoi le Gouvernement mérite les plus grands éloges pour avoir eu le courage de cette protection.

Je passe aux tissus de chanvre et de lin. Ici la France devrait dominer! C'est en effet l'invention de Philippe de Girard qui a changé la face de cette belle industrie. Tandis que, en 1815, les malheurs politiques de la France faisaient passer cette industrie en Angleterre, on volait à Philippe de Girard son invention, et la France avait la simplicité, — permettez-moi d'employer ce mot, je n'en veux pas faire entendre de plus sévère, — elle avait la simplicité de dire aux concurrents : Comment! vous voulez produire, avec les machines de Philippe de Girard, de simples toiles communes! Visez donc à la production des toiles superfines!

Mais, Messieurs, il n'y a qu'une immense difficulté : quand vous produisez pour un million de toiles superfines, telles que la batiste, savez-vous pour combien vous produisez de ces grosses et bonnes toiles qui servent pour le lit des ouvriers, des paysans, des gens du peuple ? Vous en produisez 100 millions contre 1 million!

Voilà donc un jury français qui n'aurait pas été satisfait de la solution qui vous eût donné 100 millions, et qui demandait qu'on cherchât la solution plus raffinée, pour 1 million seulement! »

Ce reproche adressé au jury français n'est pas complétement mérité. Bien qu'une importante production en objets à bas prix, et d'un usage très-répandu, soit généralement préférable à une faible production en articles de luxe, l'industrie, *pour une même valeur de marchandises*, bénéficie davantage en confectionnant des toiles fines que des toiles d'un tissu grossier, attendu que ces dernières ont à supporter une plus grande concurrence. Nous insistons sur ce fait économique, afin que l'on se pénètre bien de cette vérité capitale de la science :

Les industries sont diversement lucratives, et en général celles qui se rapportent aux objets exigeant une certaine perfection, et devant être utilisés par les gens riches, donnent lieu à des profits supérieurs à tous autres. — Nous disons en général, attendu qu'il est des choses d'une obtention facile qui procurent de grands bénéfices à cause de leur rareté, telles, par exemple, que les vins des crus renommés, etc.

Aussi l'élévation du chiffre des affaires d'une nation avec le dehors n'est-il qu'un simple diagnostic, et non une preuve de l'accroissement de ses richesses. Un pays pourrait voir son commerce avec l'étranger doubler de valeur, et cependant ne pas s'enrichir plus qu'auparavant, si son gain sur chacun des articles qui s'échangent se réduisait de moitié. Peut-être pourrait-on faire une application de cette vérité économique à ce qui se passe aujourd'hui en France.

« Oh! pour les tissus, les Anglais ont été plus raisonnables ; ils ont fait pour les toiles ce qu'ils ont fait pour les cotons et pour les laines, ils ont attaché peu de prix aux fabrications superfines, en perdant peu pour gagner infiniment. Quand les Anglais font de ces tissus dont ils inondent l'univers, est-ce que vous croyez que ce sont des percales fines à 3, 4, 5 et 6 francs le mètre? Point du tout. Même aujourd'hui, que les prix sont si renchéris, la valeur moyenne de leur mètre de coton varie entre 50 et 60 centimes. Mais c'est que c'est là que résident les grands chiffres... C'est qu'avec ces bons marchés-là, ils vendent à l'univers 800 millions de mètres courants. Voilà des fabricants qui connaissent leur industrie. Qu'est-ce que cela leur fait qu'ailleurs on produise trois, quatre, cinq millions de mètres de tissus superfins? Cela disparaît complétement dans les chiffres magnifiques de leur commerce général. »

Nous ne partageons pas complétement l'avis de M. Dupin. La fabrication des marchandises de luxe donne lieu à de très-grands profits; et, bien que notre exportation soit moins importante que celle du Royaume-Uni, nous la regardons comme étant presque aussi lucrative. Mais, en ce qui concerne les bénéfices auxquels donnent lieu les transports maritimes, quelle supériorité nos voisins n'ont-ils pas sur nous!

« J'arrive ensuite à d'autres industries, à celle des arts chimiques.

La chimie a été défendue par des hommes de beaucoup de talent, je dirai même des hommes de génie, dont je m'honore d'être l'ami. Voilà pourquoi sur la soude ils ont commencé par obtenir une protection de 20 p. 100; c'est déjà plus du double de ce que vous donniez pour les fils de coton et pour les mécaniques. Remarquez bien que je ne blâme pas ces 20 p. 100, je les approuve ; c'est le Gouvernement qui l'a fait, je suis donc de son opinion. Je suis le plus ministériel de tous les approbateurs du traité de commerce (Sourires), et je ne donne pas seulement de vagues affirmations, mais je justifie chaque mesure que vous avez prise.

Quand nous sommes arrivés aux fers, aux fontes, aux aciers, cet intérêt-là aussi a été très-bien défendu par des gens très-intelligents, très-entendus, très-tenaces, qui ont discuté avec le ministre du commerce, qui ne me contredira pas, de la manière la plus vive. Comme on ne pouvait s'entendre des deux côtés, et qu'il existait un arbitre suprême qui prenait un immense intérêt à la production nationale, le ministre d'un côté, les manufacturiers de l'autre, sont allés aux Tuileries devant l'Empereur, qui, avec ce grand art de bien écouter qui le caractérise et avec son sang-froid imperturbable, a commencé par dire : « Monsieur le ministre, donnez-moi vos raisons. » — Et celui-ci les a données avec un talent d'exposition et cette connaissance des faits qui le caractérisent. Puis sont venus les manufacturiers, qui ont parlé à leur tour de leurs affaires comme des hommes qui s'y connaissent, comme des hommes très-capables.

Eh bien, comme résultat de cette discussion, le chiffre auquel l'Empereur a voulu qu'on s'arrêtât, c'est 22.25 pour 100 de protection. Je suis très-impérialiste de ce côté ; je trouve que Sa Majesté s'est montrée parfaitement raisonnable, et son ministre aussi, d'accepter la fixation. »

Cependant, en dépit de cette haute protection, on a signalé bien des désastres dans l'industrie du fer.

« Voilà jusqu'où va mon opposition. (Nouveaux sourires.)

Je terminerai par un seul chiffre. J'ai trouvé pour les poteries, pour les verres et pour les cristaux, 545,000 fr. de droits sur 1,990,000 fr.

de valeurs exportées, ce qui fait 27.38 pour 100 de protection. Il s'agit ici d'un de ces arts chimiques dont je vous parlais il n'y a qu'un moment, arts extrêmement bien défendus, et la victoire a été extrêmement bien remportée. »

L'orateur est parfaitement dans le vrai. L'industrie des porcelaines n'a pas souffert de la concurrence anglaise.

« Voilà, Messieurs, les résultats principaux qui méritent le plus de fixer l'attention.

Vous voyez bien que le Gouvernement, je le constate, *que le Gouvernement s'est montré protecteur, protecteur éclairé et puissant de l'industrie nationale*; remarquez aussi que je n'emploie pas le mot odieux, le mot qu'on nous applique à nous, je ne dirai pas que le ministère s'est montré protectionniste; au contraire, Messieurs les sénateurs, il s'est contenté d'être un ministère protecteur. Est-ce que Napoléon Ier, quand il a pris quatre électeurs de l'Allemagne et qu'il en a fait quatre rois, sans compter le roi de Westphalie, ne s'est pas déclaré, par la grâce de Dieu, protecteur des électeurs qu'il faisait rois, et de la Confédération du Rhin ? Est-ce que cela signifiait l'étrangleur, l'ennemi de la Confédération du Rhin, qu'il rendait si formidable? Non, cela signifiait une très-grande chose. Eh bien ! s'il est permis de comparer les empereurs et les rois avec un ministère, sans mettre trop bas les empereurs, je dirai : Vous êtes les protecteurs de l'industrie nationale, comme Napoléon Ier était le protecteur des électeurs auxquels il donnait des trônes. (Mouvement.) »

La comparaison est-elle bien exacte? L'empereur Napoléon Ier n'était pas obligé d'être le protecteur de la Confédération germanique, tandis qu'un gouvernement, ayant la tutelle d'un pays, doit toujours protection aux industries de son pupille.

« Voilà ce qui s'est passé ; comme vous le voyez, du côté de l'industrie, il n'y a rien à désirer. »

Nous pensons au contraire que les mesures protectionnistes actuelles laissent beaucoup à désirer, et que, du reste, elles doivent à chaque instant varier avec la marche de l'industrie.

« Nous sommes des protecteurs, des protecteurs croissants par des degrés très-remarquables, et je vous ai signalé la mesure de l'échelle. A présent, il faut dire une chose qui est assez remarquable, c'est que, à juste titre, nous avons pu nous montrer fiers de nos succès, les proclamer et montrer que nous avons augmenté dans le court espace de quatre ans, de 1860 à 1864, de 45 p. 100 l'exportation de nos produits en Angleterre. »

Les succès n'ont pas été aussi importants que vient de le dire M. Dupin.

D'abord, l'accroissement du commerce international pendant les cinq années du nouveau régime a été moins grand proportionnellement qu'il n'avait été pendant les cinq dernières années du régime dit protecteur. Ensuite, dans le premier cas, les chiffres fournis par l'administration sont beaucoup plus contestables que dans le second. — N'est-il pas vrai que, depuis 1860, il ne s'exerce presque plus de contrôle sur le nombre et la valeur des marchandises importées et exportées? Dès lors le commissionnaire qui veut passer pour un négociant du premier ordre peut à plaisir, dans ses déclarations à la frontière, augmenter l'importance de ses expéditions. Ne sait-il pas, d'ailleurs, que les agents du pouvoir enregistrent, avec satisfaction, les gros chiffres?

Du reste, ce qui tend à prouver notre dire, c'est qu'au lieu de voir régner autour de nous cette prospérité que semblent accuser les états de la douane, nous sommes au contraire chaque jour attristés par les souffrances de l'agriculture, par la détresse de certaines industries, et par le malaise dont on se plaint généralement.

« Ce qui n'est pas moins remarquable, c'est qu'en Angleterre, le chancelier de l'Echiquier, l'illustre Gladstone, cet homme dont la capacité est incontestable, a parcouru la Grande-Bretagne ; il est allé à Manchester, à Birmingham, à Glasgow, et partout il a dit : « Nous l'avons obtenu, ce traité de commerce, le plus grand acte, le plus bienfaisant pour l'Angleterre que nous ayons jamais obtenu, et cet acte a été si bon pour nous, qu'il a pu nous consoler des pertes que nous avons faites par la triste guerre sociale des Etats-Unis. » Il avait raison. J'ai comparé la quantité des produits anglais portés aux Etats-Unis en 1860 et en 1864 : eh bien, j'ai trouvé qu'en 1864 les Anglais avaient perdu 22 millions. J'ai fait la même chose pour la France ; j'ai trouvé là une bien grande différence, j'ai trouvé que les Français ont porté dans la Grande-Bretagne pour 278 millions de plus en 1864 qu'en 1860. Il y a là de quoi compenser douze fois les 22 millions ! Par conséquent le chancelier de l'Echiquier était parfaitement fondé à se féliciter. Sa satisfaction, d'ailleurs, devait peu nous affliger, puisqu'elle se traduisait par une énorme augmentation d'exportation. Vous le voyez, je ne voudrais laisser passer aucune occasion de rendre hommage à ce qu'il y a de bien dans le traité de commerce, sauf à faire quelques petites observations qui pourront paraître un peu moins apologétiques.

Il est un autre résultat, Messieurs les sénateurs, sur lequel je voudrais attirer votre attention, et qui me paraît extrêmement remarquable. Voilà deux nations, l'Angleterre et la France, qui n'ont pas précisément, quoi qu'en puisse dire l'honorable préopinant, les mêmes lois économiques, car, de tous les droits protecteurs dont je vous parle ici, il n'y en a pas un qui subsiste en Angleterre. »

Ceci nous semble une erreur. Il existe encore en Angleterre une quantité de droits protecteurs. Ils sont seulement déguisés sous le nom de droits fiscaux (1).

(1) Voyez ch. II.

« Donc c'est nous qui sommes les protecteurs, et c'est eux qui ne le sont pas, c'est eux qui sont le beau idéal du libre échange. Voyons maintenant le résultat.

Je le trouve à la première page des états du commerce anglais. Voilà l'énorme résultat : les exportations de l'Angleterre sont au-dessous de ses importations, et la différence est de 1 milliard 559 millions. Ne vous semble-t-il pas que c'est quelque chose ? »

Cet excès de l'importation sur l'exportation est considéré comme fâcheux par M. Dupin. Nous nous permettrons de n'être pas de son avis. Dans tous les pays riches, l'importation doit l'emporter sur l'exportation (1). D'ailleurs, l'orateur reconnaîtra plus loin que cet état de choses n'est pas nuisible à l'Angleterre.

« Mais voici maintenant un résultat bien plus

(1) Voyez p. 26.

beau. Si vous comparez les exportations françaises en 1860 avec nos exportations en 1864, ce n'est pas un déficit que nous avons, c'est un surplus. Nous vendions, en 1864, pour 396 millions de plus de nos produits que les Anglais ne nous vendent des leurs. La différence est pour nous précieuse.

Je sais bien que Messieurs les libres-échangistes, qui ont des réponses pour tout, vont dire : Regardez cet homme suranné qui vous parle de *la balance du commerce*. Or, cette balance, c'est comme l'or dans l'opéra de *Robert-le-Diable*. C'est une chimère, suivant la chanson, et je suis au contraire convaincu que, si je disais à M. le ministre d'Etat : « Qu'est-ce que vous aimeriez mieux, Monsieur le ministre, entre vos exportations et celles de l'Angleterre, au lieu d'un surplus de 36 millions, d'avoir un déficit de 155 millions? Ce serait toujours une balance, et vous savez qu'elles ne signifient rien, nous l'avons ainsi décidé. »

Probablement le ministre dirait : « J'aime beaucoup mieux que vos industries se défendent si bien qu'elles l'emportent sur l'autre industrie, que ses exportations soient plus considérables que celles de l'étranger et que nous ayons ces avantages. »

Le ministre pourrait fort bien avoir tort dans maintes circonstances. — En effet, ne serait-il pas possible qu'un peuple, afin d'exporter davantage, se mît dans la gêne?

Ce même peuple ne pourrait-il pas, toujours dans le même but, vendre ses marchandises à perte pour faire face aux besoins d'argent qui le pressent; ou bien encore fabriquer beaucoup, pour essayer, peut-être sans succès, de résister à la concurrence étrangère, en réduisant ses prix de revient?

Dans ce moment la France pourrrait nous offrir maints exemples à l'appui de ce que nous avançons.

Un accroissement dans l'exportation ne doit donc pas être regardé comme un signe infaillible de la prospérité d'un État.

« Ces avantages, je vous l'ai dit, voilà par quels chiffres énormes ils sont exprimés. Ne croyez pas que ce soit un effet du hasard et pour une seule année. Non. Depuis 1854, les Anglais, qui perfectionnent toujours leurs comptes de commerce, ont imaginé, — ce qu'ils n'avaient jamais fait, — ils ont voulu calculer la *valeur réelle* de leurs importations, tandis qu'auparavant ils ne calculaient que la *valeur officielle* de leurs exportations; mais cette valeur officielle, ayant été fixée en 1696, ne ressemblait nullement à l'état des prix du XIXe siècle, le monde industriel ayant changé deux fois de face depuis cette époque. Dès 1854, quand on a comparé les deux produits réels de l'importation et de l'exportation, tous les hommes d'État ont été frappés de leur extrême inégalité. Seulement le commerce n'était pas aussi considérable en 1854 qu'en 1864 ; c'est le motif pour lequel, en 1854, les exportations de l'Angleterre étaient au-dessous des importations de l'étranger : chez les Anglais, de 854 millions, à peu près, au lieu des 1,559 millions d'aujourd'hui.

Messieurs les sénateurs, si vous faisiez la somme — pendant onze ans — de toutes les importations, d'un côté, de l'étranger en Angleterre; de l'autre côté, de toutes les exportations des produits anglais chez l'étranger, vous trouveriez 12 milliards de déficit.

Je ne suis pas l'ami des sophistes et des sophismes, je ne vous dirai pas que ce déficit ruine l'Angleterre. Non, l'Angleterre a d'autres secrets pour récupérer sa richesse ; les trésors, l'argent, lui reviennent par des voies inconnues, invisibles, et de tous côtés. Il faut supposer, pour ainsi dire, que sa terre soit criblée de puits artésiens et qu'il en surgisse de l'or liquide, représentant ses immenses intérêts dans les deux mondes. C'est par ces moyens seulement que vous pouvez expliquer que le déficit de 12 milliards en onze années soit comblé, et probablement qu'un surplus très-considérable, mais inconnu, se trouve développé dans le même laps de temps. »

M. Dupin reconnaît donc que l'excès de l'importation sur l'exportation peut n'avoir rien de funeste.

« Quoiqu'il en soit, il me semble que jusqu'ici j'ai démontré que le traité de commerce entre les deux nations présente des côtés très-recommandables et très-honorables pour l'autorité suprême, et je déclare qu'ils sont à l'avantage de notre gouvernement.

A présent, il faut parler d'un sujet très-important. Je n'ai pu revenir de ma surprise lorsque l'honorable préopinant vous disait que le traité de commerce avait été conçu sur ce *grand principe de ne rien protéger du tout.* »

Sur la bannière arborée par les personnes qui ont inspiré le traité de commerce de 1860, on lisait, en effet : *Toute protection doit être abolie.* Mais on s'est heureusement gardé d'être fidèle à ce principe.

« Il y a pour moi libre échange lorsque personne ne peut m'empêcher d'échanger mon coton contre votre fer, ma laine contre votre houille, etc. Voilà la liberté. »

Cette pensée telle qu'elle est exprimée nécessite cependant un léger correctif. Si l'on frappait certaines marchandises étrangères d'un droit de 300 à 400 pour 100, ne serait-ce pas rendre leur échange impossible? Que deviendrait alors la liberté du commerce?

« Mais pas du tout, cette liberté n'est rien. Le libre échange, c'est le libre échange qui ne paye rien du tout. Si vous payez quelque chose, si vous payez un droit, quel qu'il soit, fût-ce un centime, ce n'est plus le libre échange, c'est l'échange esclave.

J'approuve cette franchise, et si j'étais négociant, je trouverais que le comble de la perfection, comme on le proclame, c'est de ne jamais rien payer. Rien payer est une chose que l'on comprend presque aussi bien dans les moindres villages que dans les plus grandes cités, et chacun est prêt à se soumettre à cette gracieuse condition. (Rires.) »

Les doctrines qu'attaque M. Dupin sont celles du libre échange *absolu*, mais il existe un libre échange tempéré qui, dans certains cas, autorise l'apposition de légers droits sur l'import, non-seulement pour protéger certaines industries, mais encore pour rejeter sur les nations étrangères les impôts que nécessite l'administration d'un pays.

« Voyons donc ce qu'est ce fameux libre échange! D'abord, je ne le trouve pas dans le traité de commerce. Le traité de commerce, avec une sagesse nécessaire pour respecter les vrais intérêts du pays et ses richesses menacées, pour empêcher les ruines innombrables, a mis des droits sur tous les objets. Il y a une colonne qui marque les droits pour l'année 1860, et il n'y a pas pour ainsi dire deux chiffres de droits qui soient en blanc.

Par conséquent, en premier lieu, qu'on ne vienne pas nous dire : Le ministère français est un ministère libre-échangiste. Mais, Messieurs les sénateurs, c'est un ministère protecteur, raisonnablement, modérément, sagement protecteur. Mais enfin, quand on prélève des droits sur tous les articles échangés, et qu'il y a de ces droits s'élevant à 24 p. 100, qu'on ne vienne pas dire que c'est l'échange affranchi de droits. »

Nous ne saurions trop approuver ce qu'avance M. Dupin. Certes, on ne peut dire que nous sommes sous le régime du libre échange absolu, et si le bruit s'en est répandu, il faut l'attribuer à quelques paroles irréfléchies, proférées, dans la chaleur de l'improvisation, par un petit nombre d'hommes d'État.

« Le libre échange, au contraire, c'est un système qui s'est paré de la gratuité sous le masque de la liberté, qui sait escamoter l'une au profit de l'autre, et développe ses sophismes à perte de vue pour tromper tout le monde ; c'est ce que voudraient faire les libre-échangistes. »

M. Dupin veut sans doute parler des libre-échangistes absolus.

« Nous allons voir tout à l'heure avec quelles raisons.

L'un des droits les plus élevés, — et j'en rends un sincère hommage à Sa Majesté, je lui fais à ce sujet de grands remercîments, — c'est le droit de 22.27 p. 100 sur les fers, ce qui, certes, n'est pas la gratuité, ni par conséquent le libre échange. J'ai donc le droit de poser en principe que Sa Majesté n'est pas libre-échangiste. Elle est ce qu'elle doit être : le suprême protecteur de tous les grands intérêts de la patrie ; elle en est le protecteur éclairé, modéré, raisonnable ; nous ne lui demandons rien de plus, rien de moins. (Approbation.) S'il y a 2 ou 3 p. 100 de trop, ôtez-les ; s'il y en a de moins, ajoutez-y. Car ce sont des choses flottantes de leur nature, »

Oui, ce sont des choses flottantes, et nous ajouterons que les tarifs protecteurs sont de deux sortes. Les uns ne doivent être établis que momentanément, pour essayer s'il serait possible d'acclimater dans un pays certaines industries lucratives. Aux autres, au contraire, on peut donner une certaine durée, parce qu'en tenant compte de la perte qu'éprouvent les consommateurs et du bénéfice que font les producteurs, il y a un profit incontestable pour le pays (1).

« comme les intérêts des affaires humaines. Mais ne venez pas nous présenter de ces théories inflexibles, et par conséquent inintelligentes, qui ne comptent pour rien l'avancement des arts, la

(1) Voyez le *Catéchisme de l'Économie politique*, p. 112, 4e édition.

différence des nations. Non, l'univers n'est pas une table rase où vous puissiez jouer comme sur une table de billard aventureux, en disant : « Laissez faire, laissez passer ; fermez vos yeux, ouvrez vos sophismes, et tout sera pour le mieux. » Non ! les intérêts humains ne se conduisent même pas avec cet aveuglement fatal. »

On ne peut mieux dire.

« A présent, je vais vous demander la permission de faire un pas de plus.

J'ai montré que, dans l'espace de quatre ans, nous avons obtenu un progrès de 46 p. 100 sur l'ensemble de nos ventes. Ce résultat est extrêmement beau ; mais voici ce qu'il y a de plus rare et qui charme M. Gladstone : tandis que nos produits vendus en Angleterre s'augmentaient en quatre ans de 46 p. 100, les produits anglais vendus en France s'augmentaient de 109 p. 100. (Sensation.)

Cent neuf, si je ne me trompe, c'est déjà plus du double de quarante six.

Je ne suis pas jaloux de la prospérité d'autrui. »

Rien de plus louable que ce sentiment, lorsqu'il se produit en nous à la vue d'une individualité comblée des faveurs de la fortune. — Mais souvent il serait inopportun, il serait peu patriotique, de se réjouir de la prospérité d'une nation rivale.

En effet, si sa richesse, si son importance, s'accroissent dans des proportions auxquelles notre pays ne peut atteindre, cette nation fera toujours pencher la balance de son côté lorsque des difficultés politiques viendront à surgir (1).

« Nos concurrents ont profité du traité de commerce avec leur activité, leurs capitaux, leurs

(1) Nous avons déjà élucidé cette question p. 127 du *Catéchisme de l'Économie politique*, 4e édition.

inventions : je trouve cela très-naturel, je n'ai rien à dire contre leur succès. Mais voici ce qui m'étonne : il me semble que les partisans les plus ardents de l'Angleterre, en présence de cette supériorité de progrès, de 109 du côté de l'Angleterre contre 46 seulement du côté de la France, il me semble en vérité que, tout Anglais qu'ils se fassent, ils devraient être satisfaits, enchantés, puisque cela va si bien pour l'Angleterre.

Pas du tout! Ils sont très-mécontents ; ils trouvent que le traité n'est pas bon ; ils trouvent qu'il ne faudrait pas en attendre la fin, qu'il faudrait réformer dès à présent ces protections qui sont votre ouvrage, que vous avez discutées avec tant de labeur, que vous avez obtenues si péniblement; il faudrait dès à présent les abandonner ; de façon qu'au lieu d'avoir 109 p. 100 de progrès, les Anglais en auraient peut-être 200 ou 300 p. 100, tandis que vous descendriez de 46 à 30, à 15 p. 100 peut-être ! Et ce n'est pas une velléité imaginaire. »

Cette accusation nous paraît très-fondée.

Les libre-échangistes ne doivent-ils pas vouloir que les Anglais gagnent encore davantage, en vertu de ce principe essentiellement faux qu'ils soutiennent avec énergie, et que nous avons combattu : *Un peuple a toujours intérêt à la prospérité des autres peuples?*

« La proposition formelle a été faite dans un conseil général pendant trois sessions consécutives, dans le conseil général du département de l'eau-de-vie, des vins, des liqueurs, etc., de tout ce que vous voudrez imaginer de plus spiritueux dans tous les genres. Cela rappelle un des ports de commerce, une ville de viticoindustrie, où, quand on demande : « Avez-vous du vin de Malaga? » — on vous répond sur le champ : « Non, Monsieur; mais on va vous en faire. » (On rit.) C'est historique, Messieurs les sénateurs. »

Nous ne saisissons pas quel rapport existe entre cette citation et la demande du conseil général d'abolir tous droits à l'importation ; mais sans doute M. Dupin critique cette demande, et, d'après nous, il est parfaitement dans le vrai.

« On a cependant proposé au Gouvernement, on lui a proposé très-sérieusement, de changer le traité de commerce, d'en supprimer la plus salutaire protection. Je demande la permission à M. le ministre de lui faire encore une fois mon compliment : il a laissé faire et laissé passer le triple vœu de l'Hérault et n'y a pas fait droit. C'est extrêmemont bien ; je trouve ce refus excellent et judicieux.

J'arrive aux protections de l'agriculture. Tout à l'heure, on nous disait : « Comment ! il y a des agriculteurs qui demandent qu'on protége leur labour, qu'on renverse le grand principe, grand comme les grandissimes principes de 89, le principe du droit de libre échange sans rien payer, qui menace notre industrie ? »

Messieurs les sénateurs, je vous ai fait voir au contraire la puissante protection appliquée à l'industrie; je vous ai cité de nombreuses branches de notre industrie nationale, toutes protégées, depuis le chiffre le plus modeste jusqu'à celui de 27 p. 100.

En face de ces puissantes protections, on voudrait que l'agriculture se contentât d'une protection égale à zéro! »

En voulant que l'agriculture ne soit pas protégée au moyen de droits frappés sur les céréales étrangères, on a mille fois raison. Nous en avons donné les motifs précédemment.

« Mais M. le ministre l'a protégée. J'ai pris dans les tableaux que je ne perds jamais de vue le chiffre des droits perçus en 1864 sur les farineux alimentaires, pour le comparer avec le chiffre de la valeur de ces produits. »

Cette mesure n'a pas été prise dans l'intérêt de l'agriculture, mais bien dans celui de la minoterie.

« Savez-vous tout ce que j'ai trouvé comme protection? Un et trois quarts par cent. Je commence d'abord par remercier M. le ministre d'avoir protégé l'agriculture par ce droit microscopique, quand il porte la protection du côté de l'industrie jusqu'à 27 p. 100. »

C'est au nom de l'intérêt national que l'on doit protéger les industries proprement dites par des droits à l'importation; mais il n'est pas possible aux producteurs de céréales d'invoquer le même intérêt pour réclamer une protection de pareille nature.

Des droits frappés sur les céréales étrangères feraient éprouver aux consommateurs de tous ordres une perte qui ne serait nullement compensée pour la France (comme nous l'avons établi) par les bénéfices que recueilleraient les agriculteurs.

« Je trouve que c'est un commencement excellent, un commencement pour lequel il faudrait l'encourager et lui dire : Continuez. Pour le bétail, c'est encore moins : la protection n'est pas même égale au centième de la valeur. On dit avec gravité : « Nous voulons faire manger la viande à bon marché. » C'est très-bien, mais en même temps vous faites de telles lois sur la boucherie que le bénéfice passe dans la poche des bouchers, »

Le système de liberté pour la boucherie est excellent ; ce n'est pas à ce système qu'il faut reprocher le renchérissement de la viande, mais bien à l'importation gratuite des peaux et des suifs, qui diminue les bénéfices du détaillant et l'oblige à hausser le prix de sa marchandise, bien que l'éleveur ne la lui vende pas plus cher qu'autrefois.

Nous avons vu que les anciens droits à l'importation sur les suifs, les peaux, les laines, etc., étaient payés en grande partie par l'étranger. — Qu'est-il arrivé depuis qu'on a supprimé ces droits? Il est bien vrai que nos industriels ont eu en apparence les matières premières à meilleur marché. Mais, comme on a accru de beaucoup l'impôt à l'intérieur, — il le fallait déjà pour retrouver les cent millions de francs que la douane a cessé de rapporter, — en définitive, ces matières reviennent toujours à peu près au même prix à ceux qui les transforment, et, de plus, on a fait peser de nouvelles charges sur le pays tout entier.

« comme pour la boulangerie dans celle des boulangers ; et quant aux consommateurs, ils ne s'en aperçoivent pas. Il y a là des modifications, des améliorations à produire, et je m'en rapporte à la sagesse du Gouvernement. »

Quant à la boulangerie, il faudrait dès ce moment décréter sa liberté complète. Les capitalistes pourraient alors aborder franchement cette industrie et nous donner le pain à bon marché.

« Actuellement voyons, en effet, si ces agriculteurs qu'on nous peignait dans une des dernières séances comme des gens arriérés, surannés, reculés, à l'égal de tous ceux qui les défendent, et, par conséquent, à l'égal de votre très-humble serviteur ; voyons donc s'il ont si grand tort de demander quelque chose. Messieurs les sénateurs, quels sont donc les grands marchés d'Europe?

C'est, en premier, l'Egypte pendant des siècles, puis la mer Noire au midi, puis la Vistule au nord ; c'est tout ce qui descend de cet immense plateau de l'Asie occidentale qui constitue l'empire moscovite, tout ce qui descend d'un côté par les grands fleuves, non-seulement russes, mais par le Danube, et de l'autre par le fleuve de la Pologne. Les moujiks, qui cultivent ces terrains, ne gagnent pas 50 centimes par jour. Il en est de même sur les bords du Danube, dans les pays hongrois, dalmates, croates. La terre est encore à plus bas prix comparativement à la main-d'œuvre.

En présence d'un si grand fait on ose nous dire : En vérité, nous ne concevons pas que les agriculteurs français demandent à être protégés contre des gens qui ne gagnent qu'un demi-franc par jour, tandis que les cultivateurs français sont obligés de payer 30 sous et bientôt, grâce aux travaux de Paris, 40 sous, et jusqu'à 3 francs par journée, l'homme qu'ils emploient à conduire la charrue. Ils voudraient qu'on les protégeât ! Mais nous avons de bons chiffres en réserve et nous leur prouverons qu'ils ne savent pas ce qu'ils disent.

Oui, soit, nous les verrons, et je suis de ceux qui soutiendront jusqu'au bout cette lutte d'additions et de soustractions. Je ne suis pas un grand cultivateur, mais je crois comprendre les quatre plus simples règles de l'arithmétique, comme si j'avais été favorisé par l'enseignement obligatoire et gratuit que l'on veut faire triompher aujourd'hui sur l'imbécillité de nos familles. Nous verrons, en définitive, à qui restera la victoire.

Comment les ennemis de l'agriculture française n'aperçoivent-ils pas suffisamment l'immense inégalité qui résulte d'une si grande différence dans les prix du travail? »

Cela est incontestable; les prix du travail outrepassent de beaucoup, chez nous, ce qu'ils sont chez les moujiks. Mais aussi ces derniers ne peuvent vendre le blé qu'ils produisent que sur le pied de 4 ou 5 francs l'hectolitre, tandis que le même blé vaut en France environ quatre fois davantage. Dès lors, nos agriculteurs ne sont-ils pas entièrement compensés de la plus-value du salaire des ouvriers qu'ils emploient?

Que veut M. Dupin? C'est que sur nos mercuriales l'hectolitre de froment ne soit jamais coté au-dessous de 20 fr. En toute justice, on ne peut faire passer sous les fourches caudines du laboureur tous les consommateurs français, y compris les plus pauvres, qui ont un droit aussi légitime que le sien à la sollicitude du Gouvernement.

Nous ne saurions trop le répéter, dans chacune des professions qui sont exercées dans notre pays, si l'on considère les travailleurs en même temps comme capitalistes, patrons, employés, ouvriers (vieillards, femmes et enfants), il est de toute vérité, sans doute, que ce sont les laboureurs qui, moyennement, pour le même capital, obtiennent le moins de bénéfices, et cela en raison de l'éventualité des récoltes, du prix normal des grains, de l'impossibilité de multiplier leurs produits lorsque le prix s'en élève, ainsi qu'on le pratique dans les autres genres de travaux, etc. Mais il est de même constant que la prospérité de l'agriculture ne fait que résulter de celle de l'industrie. — Vouloir donc porter atteinte à celle-ci pour favoriser celle-là est non-seulement un non-sens, c'est en outre une faute grave contre l'ordre social.

« Je demande la permission de citer un seul exemple, et vous verrez ce qu'il révèle. Je l'emprunte à mon ouvrage sur *les forces des nations*.

L'Inde était le pays qui, depuis quarante siècles, donnait à l'Occident les produits du coton, et plusieurs de ses tissus merveilleux servaient à draper la majesté des impératrices romaines et les statues des déesses.

Depuis le commencement de ce siècle, en faisant usage des découvertes de Watt et d'Arkwright, et des travaux magnifiques ordonnés par le duc de Bridgewater, qui, depuis ses mines de houille jusqu'à Manchester, avait fait un canal de niveau, de telle façon que cette houille, arrivée à Manchester, permettait de produire la force d'un cheval de vapeur pour 25 centimes par jour ! ce qui fait pour la force d'un homme de vapeur 5 centimes seulement ; cela d'une part, le mécanisme de l'autre, avec lequel un ouvrier, une ouvrière, surveillent une mull-jenny de 500 à 600 fuseaux, ont empêché les pauvres femmes de l'Inde, quoiqu'elles ne gagnassent que 15 à 20 centimes par jour, de soutenir la concurrence des femmes anglaises, qui reçoivent 3 francs par jour.

La différence est la même pour les hommes et les adolescents.

Savez-vous, Messieurs les sénateurs, ce qu'il en est résulté dans un court espace de temps?

Les millions d'hommes, de femmes, d'adolescents et d'enfants, qui vivaient de cette industrie séculaire, en ont été complétement privés, et dans l'année qui précéda la crise américaine, en 1859, j'ai vérifié que les Anglais envoyaient dans l'Inde 180 millions de kilogrammes de coton filé et 800 millions de mètres courants de calicot, c'est-à-dire un tiers de ce qu'ils vendent à l'univers. Croyez-vous que ces choses ont pu s'accomplir sans faire répandre bien des larmes, sans produire de grands malheurs, de grands appauvrissements? Voilà le côté triste et lugubre, voilà la déplorable révolution. »

Les libre-échangistes absolus répondront sans doute à M. Dupin que les agriculteurs de l'Inde se sont alors vêtus à meilleur marché et que ses industriels n'avaient, dans l'intérêt de ce pays, aucune raison d'être, puisqu'ils n'ont pu soutenir la concurrence anglaise. Selon nous, de la révolution qui a eu lieu il n'est résulté qu'un bénéfice momentané pour une partie de la population, tandis que la population tout entière aurait eu un intérêt suprême à ce que ses produits agricoles s'échangeassent contre des fabrications indigènes. Nous avons donné ailleurs l'explication de ce phénomène économique (1). — Du reste, les voyageurs sont unanimes (2). Les ruines que l'on rencontre à chaque pas dans l'Inde attestent la splendeur qu'elle avait autrefois et dont le libre échange l'a fait déchoir. Sans doute son état actuel tient à beaucoup d'autres causes, mais la décadence de son industrie en est une des principales.

« Maintenant je vais montrer la contre-révolution que j'ai découverte, contre-révolution qu'on n'a pas encore signalée et que je vais in-

(1) Voyez notre *Catéchisme de l'Économie politique*, 4e édition, p. 83 et suivantes.

(2) Lisez les ouvrages de MM. Campbell, Sleeman, etc.

diquer comme une transformation, un avatar, des forces de l'Inde.

A Bombay, cette ville immense, ingénieuse, qui, grâce aux événements accomplis depuis cinq ans aux États-Unis, livre à l'Angleterre dans un an pour 800 millions de coton en laine; cette ville, où les milliards abondent, est au premier rang composée d'Anglais et de Parsis, deux nations aussi calculatrices, aussi vigoureuses l'une que l'autre. Ils ont dit : « Mais nous sommes trop simples, — il faut résoudre un nouveau problème. » Ils sont allés à Manchester; il sont allés trouver un des plus célèbres manufacturiers, un mécanicien de telle éminence, que nous l'avons nommé membre correspondant de l'Institut impérial dans la section de mécanique de l'Académie des sciences de Paris : c'est mon honorable ami, M. William Fairbairn.

Ils lui ont dit : « Nous voulons créer à Bombay de grandes manufactures à vapeur pour filer et tisser le coton de l'Inde, et nous venons vous demander à quelles conditions vous pouvez nous les faire construire. »

M. W. Fairbairn a répondu : « Je vais vous créer une manufacture dont la force motrice sera de 160 chevaux de Watt, force nominale, mais qui travaillera habituellement en développant une force égale à 300 à 400 chevaux, et, s'il le faut, à 450 ; cette force motrice fera travailler 500 hommes, femmes ou enfants, de l'Indoustan, les mieux payés recevant à peine 1 franc, les femmes 50 centimes, les adolescents 25, et avec cela nous soutiendrons la concurrence contre Manchester elle-même, la grande, la célèbre Manchester, qui paye 6 fr. ses hommes, 3 fr. ses femmes, et moitié ses adolescents.

Les marchés ont été passés ; les travaux s'exécutent. Ainsi, vous le voyez, ce sont les Anglais qui font concurrence aux Anglais sur un territoire britannique, et la lutte a commencé. La conséquence est inévitable, et vous jugez la différence pour l'orient et l'occident.

Aujourd'hui il faut que les Anglais prennent tous les cotons en laines dans l'intérieur de l'Inde ; »

Ils peuvent maintenant les prendre dans l'Amérique, en Égypte, etc.

« qu'ils leur fassent parcourir cinq mille lieues en doublant le cap de Bonne-Espérance pour arriver à Manchester; puis, la transformation opérée, parcourir cinq autres mille lieues pour repartir de Manchester et finir par arriver dans l'Inde.

Voilà d'abord une économie de dix mille lieues; ajoutez-y l'économie de dix à un, quant au prix de la main-d'œuvre : voilà la contre-révolution.

Le résultat est évident quand il s'agit du coton. »

Le résultat n'est pas aussi évident que le croit M. Dupin. Les cotons longue soie, indispensables pour fabriquer les belles étoffes, proviennent des États-Unis. Le charbon de terre, indispensable pour mettre en jeu les machines, est plus cher dans l'Inde qu'en

Angleterre. Ensuite les manufactures, de quelque espèce qu'elles soient, nécessitent, à leur naissance, une certaine protection. L'Angleterre l'accordera-t-elle? Tout en protestant qu'elle est libre-échangiste, ne trouvera-t-elle pas des mots tels que ceux-ci : droits fiscaux, décimes de guerre et autres, pour légitimer des droits à la sortie sur les cotonnades de l'Inde, ou même pour en frapper d'exagérés sur les manufactures elles-mêmes? C'est donc à l'expérience seule qu'on doit en appeler pour trancher la question.

« Eh bien, je dis, moi, que, quand il s'agit des céréales,—et certes la différence est considérable entre les prix de la main-d'œuvre sur les bords du Borysthène et du Danube, ou sur les bords du Rhône, de la Durance, de la Saône, de la Seine et de la Loire ; — je dis que la lutte ne peut pas, ne doit pas être égale, et qu'il faut protéger l'agriculture française. »

Sans doute, il faut protéger l'agriculture française, mais ce n'est pas au moyen de droits à l'importation sur les céréales.

« On a déjà commencé de la protéger, de la protéger homœopathiquement, avec 1 3/4 pour 100 du prix de revient — C'est très-bien, et j'en suis enchanté. »

Cette mesure a été prise dans l'intérêt de la minoterie et de la marine, mais non dans celui de l'agriculture.

« Le retour aux idées saines n'est à coup sûr pas facile, mais enfin je citerai un grand fait de cet ordre. Dans l'Académie des sciences morales et politiques, dans la section dont j'ai l'honneur d'être un membre très-peu digne, il se trouve un homme d'un mérite supérieur qui professait l'agriculture au collége de Grignon; il s'était prononcé du premier abord comme un complet libre-échangiste. Les événements ont marché, les plaintes graves se sont développées, il a voulu dans sa conscience étudier la question; or il est arrivé à ce résultat qu'au lieu de demander par pitié peu méritée 50 ou 60 centimes de protection par quintal de froment, il demandait 1 franc. Un franc tout entier.

Un franc! Pour moi, je trouve que ce n'est presque pas la peine d'en parler; mais pour mon honorable confrère, c'était faire un pas immense.

Comment! un des docteurs de la science qui veut qu'on augmente même d'un infiniment petit la protection! Mais je ne puis comparer ce miracle qu'à ce grand docteur d'Oxford, le docteur Manning, qui, à force de creuser l'anglicanisme, finit par dire : — « Je suis bien simple! mais la perfection, c'est le catholicisme! » — Et l'éloquent docteur passe au catholicisme, et le saint père lui dit : « Ah! vous abandonnez des prébendes de 50,000 à 100,000 francs par an, vous vous mettez à l'aumône , pour ce que vous jugez être la vérité; je vous fais archevêque de Westminster et primat d'Angleterre. » Il s'agit d'un homme très-éloquent, d'un grand caractère, qui fait aujourd'hui peser d'un poids immense un seul million de catholiques, lequel tient en respect 20 millions de protestants à protestantismes multiformes en Angleterre.

Il se passe au milieu de nous de semblables métamorphoses ; nous avons un docteur Manning du libre échange : cela commence et cela promet. Allons ! un peu de courage !! »

C'est une heureuse fusion du libre échange et de la protection qui commence à s'opérer ; nous espérons bien qu'avec des concessions mutuelles elle sera bientôt complète.

« Ceux qui ont brûlé leurs vaisseaux comme moi pour la pauvre agriculture ne méritent pas d'être cités ; ceux qui sont dans les arriérés, dans les surannés, comme moi (et ce n'est pas étonnant à mon âge), n'en parlons pas ; mais voilà qu'un vrai libre-échangiste, un homme des plus distingués, M. Léonce de Lavergne, on peut le nommer avec honneur, a voté pour la protection de l'agriculture, quoiqu'il appartienne à la Societé impériale d'agriculture, où l'on entre si bien quand on est libre-échangiste.

Voilà, Messieurs, un fait qui mérite d'être pris en grave considération par toute la France.

Je vous demande pardon de vous avoir présenté tant de détails, mais il le fallait; il fallait que vous fussiez éclairés sur chaque point. On prend de cette poudre mirifique, qui vous change une figure comme celle de Debureau, pour vous la jeter aux yeux; aussitôt votre face est blanche et vous n'y voyez rien du tout. Soufflons sur cette poussière.

Messieurs les sénateurs, élevons-nous à des considérations d'un ordre supérieur.

Il n'est pas vrai que toutes les nations, qui diffèrent par les races, par les mœurs, par les idées, par la proportion des populations, puissent être conduites par les mêmes lois d'économie politique : d'économie soit, mais non pas de politique; c'est de la politique dont je veux parler, en mettant de côté l'économie. »

Les nations peuvent être régies par les mêmes lois d'économie politique, mais non par le libre échange absolu, qui rend les unes victimes des autres.

« Quand on a fait triompher le libre échange, c'est M. Cobden qui a inventé ce mot-là, et ce mot lui mérite des statues érigées par les libre-échangistes. »

Ni le mot de *libre échange*, ni la théorie du *libre échange* n'ont été inventés par Cobden. Le mot figure depuis longtemps dans des ouvrages économiques. Quant à la théorie, près d'un siècle avant Cobden, les physiocrates, ayant à leur tête Quesnay, avaient dit : « *Laissez faire, laissez passer.* »

« Il y avait en Angleterre, au moment où l'on discutait la loi, cinq millions d'agriculteurs et quinze millions de toutes les autres classes; M. Cobden leur dit avec un aplomb merveilleux: « Nous sommes les quinze millions, vous êtes les cinq millions, c'est-à-dire la minorité; quant à ceux qui sont à votre tête, quant aux chefs de cette aristocratie qui ont fait la gloire de l'Angleterre depuis la grande charte jusqu'à nos jours, je demande à ces grands seigneurs s'ils ont été quelquefois sur les bords du Rhin, s'ils ont remarqué les hautes montagnes qui couronnent ses deux rives et les châteaux qui jadis existaient sur les sommets de ces montagnes. Ces châteaux sont en ruine.

« Eh bien, au nom de ces quinze millions, étrangers à l'agriculture, si vous ne voulez pas nous concéder le libre échange, voilà l'état dans lequel nous réduirons vos châteaux et vos palais. »

Cobden, en prononçant ces paroles, ne prétendait pas en appeler à la force brutale; il faisait allusion seulement à ce qui arrive presque toujours lorsque l'on tarde trop à concéder aux peuples ce qu'ils sont en droit d'exiger.

« J'ai cité cette phrase étonnante dans mon tableau des forces de l'Angleterre, avec la date. On peut vérifier un pareil fait.

En France, c'est un peu plus difficile à dire ; la population agricole forme plus des trois quarts de la population, et l'autre quart ne serait pas parfaitement fondé à dire que les autres sont de grands seigneurs. Chez nous sont clair-semés les grands de la terre, et ce ne sont pas eux qui nous occupent, ce sont les millions de petits agriculteurs qui possèdent moins de la moitié d'un hectare, ceux qui possèdent un, deux, trois hectares de terre, par famille. »

Nous différons d'avis avec M. Dupin. Les petits agriculteurs dont il parle sont à peu près désintéressés dans la question. Consommant la presque-totalité de leurs récoltes, il leur importe peu qu'elles soient à un prix ou à un autre.

« Quand un paysan dénombre dix hectares, savez-vous comment on l'appelle? On l'appelle un richard! Mais ce n'en est pas moins un homme de la fortune la plus médiocre. Quand son bien lui rapporterait 100 francs par hectare, à 10 hectares, cela fait 1,000 francs! Et si vous n'aviez que 1,000 francs pour vous, votre femme et trois enfants, cela ferait 200 francs par tête, 50 et quelques centimes par jour; vous seriez là dans une bien triste opulence.

Vous ne pouvez pas dire, en menaçant tous ces gens-là : « Nous démolirons vos châteaux! » Ils vous répondraient : « Nous n'avons que des chaumières. »

Mais la question se présente autrement. La France, Messieurs les sénateurs, la France est une nation principalement agricole. Lorsque l'Angleterre soumet ses grandes considérations au Parlement, elle a toujours soin de dire, en parlant de la marine et du commerce : ces deux grandes colonnes sur lesquelles la fortune de l'Angleterre repose principalement (*mainly repose*).

Eh bien, Messieurs, la France peut dire que la grande base sur laquelle sa fortune et sa force reposent, c'est l'intérêt agricole. »

Notre pays peut dire avec non moins de vérité que l'industrie est la grande base sur laquelle reposent sa fortune et sa force. En effet, retirez-lui cette industrie, il deviendra quelque chose de semblable à l'Espagne, à la Russie, etc. Sa population diminuerait probablement, et, dans le cas contraire, on se figurera presque le tableau qu'elle présenterait, en jetant les yeux sur la souffreteuse Irlande, et encore sur les parties de l'Allemagne qui fournissent le plus de contingent à l'émigration. Toutefois, la variété des cultures qui existent sur notre sol, le commerce intérieur (véritable industrie) qui en résulte, les profits que donnent quelques-unes de ces cultures, empêcheraient la France de tomber au même niveau.

« La France, à ce point de vue, est une nation agricole. Nous sommes agriculteurs : non pas, et c'est là ce qui nous distingue des libre-échangistes et des autres systématiques, non pas que nous ayons la moindre envie, le moindre mauvais vouloir, contre le commerce ou l'industrie. Je vous ai rapporté toutes les protections établies par le traité de commerce ; j'en ai fait l'éloge : j'ai démontré qu'elles étaient bonnes. Mais nous ne trouvons pas bon, nous ne sommes pas satisfaits quand on vient nous dire que nous n'avons droit à aucune protection, que nous ne savons pas ce que nous disons, et pas même ce que nous souffrons. »

Nous avons dit, et nous le répétons : Il faut venir en aide à l'agriculture. Toutefois, pour lui prêter assistance, gardons-nous soit de rendre la condition de nos pauvres plus pénible, soit de nuire à l'industrie proprement dite, d'où nous tirons chaque année les réserves auxquelles notre richesse nationale doit son développement le plus rapide. Ne perdons pas de vue que l'industrie est la fée secourable de l'agriculture, bien que sa protégée ne se montre que médiocrement reconnaissante.

« . . . .
. . . .
. . . . »

FRAGMENTS

DU DISCOURS PRONONCÉ A LA CHAMBRE DES DÉPUTÉS PAR M. THIERS, ET EXAMEN DES DOCTRINES ÉCONOMIQUES DE CET ILLUSTRE PUBLICISTE.

« M. Thiers. — J'ai défendu toute ma vie les intérêts qui sont aujourd'hui engagés ; j'ai eu le bonheur de les faire triompher sous la République, dans l'Assemblée constituante, qui n'était certes pas une assemblée aristocratique, qui était une assemblée véhémente, mais sincère et honnête. Elle nous a longuement écouté, et, après avoir tout entendu, elle a donné gain de cause à ces intérêts, qui sont ceux du pays lui-même.

Eh bien, Messieurs, c'est animé de ces sentiments que je viens aujourd'hui examiner les questions qui sont l'objet du débat. Je vous assure que ce n'est pas légèrement que je les aborde : j'ai passé ma vie à méditer sur ces questions; j'ai passé ma vie à faire une enquête perpétuelle sur nos diverses industries, et je dois dire qu'après tout ce que j'ai vu et ce que je vois aujourd'hui, je suis arrivé à la conviction plus profonde que jamais qu'on se trompe sur la manière de gérer les affaires de la France. Je respecte les intentions ; mais, dans ma conviction la plus sincère, on se trompe complétement.

Il y a d'abord ici deux questions très-graves. Il y en a d'abord une immense, que j'écarterai en cet instant, car je veux la traiter plus tard ; mais ce n'est pas le moment de le faire. Cette question est celle de la liberté commerciale en général. Je la laisse de côté aujourd'hui, pour ne pas trop compliquer la question de l'agriculture, déjà bien assez vaste, bien assez difficile à traiter.

Sur cette question générale de la liberté commerciale je ne dirai qu'un mot.

S'il s'agissait uniquement, exclusivement, de modifications dans les tarifs, il n'y aurait rien à dire : les tarifs ne peuvent pas être immuables; les tarifs sont une digue élevée entre le travail national et le travail étranger pour conserver sur le sol le plus possible de travail national, (Très-bien !) parce que le travail national, c'est de la richesse, c'est de la population, ce sont des soldats, c'est de la puissance publique. (Très-bien ! très-bien !) »

Il s'agit moins de procurer à une nation la plus grande somme possible de travail que de conserver ou d'introduire chez elle celui qui est susceptible d'accroître ses capitaux. Ainsi, ce serait folie que de vouloir produire sous notre climat, à l'aide de serres chaudes, des denrées exotiques. Bien qu'un tel genre de travail puisse se maintenir au moyen de droits frappés à l'importation sur les marchandises similaires à celles obtenues, en réalité il n'aboutirait qu'à faire décroître la richesse de la France.

Il n'est pas un pays où l'on ne puisse acclimater nombre d'industries auxquelles il est étranger; mais, pour que cette naturalisation puisse se faire utilement, les taxes de douane qui doivent les protéger ne doivent pas dépasser (comme nous l'avons établi ailleurs) une certaine limite (1).

« Si donc il ne s'agissait que de ces digues qu'on appelle des tarifs, et qu'on voulût les modifier, je serais de cet avis. En effet, moi qui ai l'honneur de vous parler, j'ai supprimé des prohibitions, avec le concours des Chambres, bien entendu; j'ai réduit des tarifs, notamment des tarifs relatifs à l'agriculture, parce que j'ai pensé et n'ai pas cessé de penser que les tarifs ne pouvaient pas être immuables. »

(1) Voyez notre *Catéchisme de l'Économie politique*, 4e édition, p. 112 et suivantes.

Nous sommes ici complétement d'accord avec l'éminent orateur.

« Mais la doctrine à laquelle j'ai toujours résisté, à laquelle je résisterai toujours, c'est cette théorie absolue du libre échange, qui ne considère les modifications de tarifs que comme un pas pour arriver à son but définitif, lequel est l'ouverture de tous nos marchés à l'étranger, pour arriver à ce qui est son idéal, la liberté du commerce entier. »

S'il ne s'agissait que d'arriver plus tard à cet idéal, lorsque la fraternité des peuples serait un fait acquis, lorsque, par un système de mutualité universelle, il serait indifférent qu'une contrée fût supérieure en capitaux à une autre (ce qui sera bien longtemps à s'accomplir), l'idéal en question serait certes assez désirable; mais vouloir y parvenir immédiatement, c'est là une résolution, une détermination des libre-échangistes absolus, qui offre les plus grands dangers.

« Nous faisons aujourd'hui la triste expérience de cette doctrine absolue sur l'agriculture elle-même et nous pouvons déjà en apprécier les mérites. (Très-bien ! sur plusieurs bancs.) C'est cette doctrine seule que j'entends attaquer, que je traiterai dans un autre moment, car, lorsqu'on a devant soi une question aussi vaste que celle de l'agriculture, il ne faut pas la compliquer par d'autres, et il faut se consacrer à elle seule, bien heureux si avec les plus grands efforts on peut parvenir à y répandre une clarté suffisante. »

C'est bien à la doctrine du libre échange absolu que l'on doit s'attaquer, et non à celle d'un libre échange tempéré. Tous nos rapports sociaux se fondent sur le libre échange. Que deviendrait un peuple si les prix de toutes marchandises étaient déterminés d'avance par le pouvoir? Un peuple de paresseux et de fainéants. — Dès lors, plus d'émulation, plus de progrès! Le libre échange est donc de principe général, et le régime protecteur ne doit être que l'exception.

« . . . .

1° Toutes les conditions de la production agricole ont renchéri ;

2° Par contre, tous ses produits sont avilis...

(Interruption.) Je veux dire, Messieurs, que les prix sont avilis.

Une voix. — C'est entendu !

M. THIERS. — Ainsi les fermages ont augmenté. Ceci ne s'est pas fait précipitamment ; tout ce qui se fait lentement, avec le temps convenable, est bon en soi. Les fermages, dis-je, ont augmenté ; c'était bien naturel. Depuis quarante ou cinquante ans, tout a changé de proportion : dépenses, revenus, tout a suivi une progresion croissante. Et comment auraient vécu les propriétaires s'ils n'avaient obtenu une augmentation correspondante de leurs terres? Ils seraient dans une véritable détresse aujourd'hui ; et cela serait-il juste, lorsque vous-mêmes vous êtes obligés d'augmenter les appointements des fonctionnaires ? Et je dirai même qu'à mon avis on ne le fait pas assez. Les fermages ont donc augmenté naturellement, c'est-à-dire légitimement. »

Le taux des fermages augmente nécessairement de quart de siècle en quart de siècle, en raison du perfectionnement de la culture, de l'accroissement de la population, de la dépréciation de la monnaie, etc. ; mais, depuis quelque temps, loin d'augmenter, il diminue. Et ce n'est que dans les parties de la France les plus favorisées que ce taux reste stationnaire.

« Secondement, les impôts ont augmenté, vous me l'accorderez. Vous avez en principal...

M. DE FORCADE LA ROQUETTE, *vice-président du Conseil d'État*. — 169 millions !

M. THIERS. — L'honorable commissaire du Gouvernement, qui a parlé du reste hier avec autant de franchise que de mesure, — et je le déclare, pour ma part, les discussions seraient faciles si on les établissait toujours dans de pareils termes... (Très-bien! très-bien!), — l'honorable commissaire du Gouvernement vous a dit que le principal se trouvait augmenté de 78 centimes additionnels. Eh bien, ces 78 centimes additionnels représentent en grande partie les travaux des villes. 78 centimes additionnels, c'est presque le doublement de l'impôt principal. Je ne suis pas de ceux qui viennent vous demander la réduction de l'impôt : non pas que je ne désire cette réduction, je l'ai prouvé dans la discussion du budget, mais je ne suis pas un esprit chimérique, je connais l'état du budget, je sais que, même en vous débarrassant d'une centaine de millions par la création fictive de la Caisse d'amortissement, vous resterez encore en déficit. — Je vous demande pardon d'employer ce mot, dont je justifierai l'emploi lorsque nous discuterons le budget; — mais je suis un esprit sincère, je ne vous demanderai pas ce que je ne serai pas prêt à faire moi-même, et je ne viens pas vous proposer de réduire les impôts lorsque vos dépenses et vos recettes ne sont pas en équilibre. Mais il n'en est pas moins vrai que les impôts dont la propriété est chargée sont une des causes qui empirent sa situation ; le nier serait fermer les yeux à la lumière. Mais il n'y a pas seulement l'impôt foncier, il y a encore une foule de charges dont M. le commissaire du Gouvernement n'a pas tenu compte. Il y a l'enregistrement, qui pèse sur les mutations de la propriété de la manière la plus lourde ; il y a les dépenses des communes ; il y a les chemins vicinaux, les octrois, etc. »

L'orateur pourrait se plaindre de ce que, dans la répartition des charges publiques, la richesse mobilière est beaucoup moins grevée que la richesse immobilière. Mais nous ne sommes pas d'accord avec lui lorsqu'il élève la voix contre la lourdeur des impôts, sans apporter la preuve qu'ils n'ont pas été décrétés dans l'intérêt de tous, et par conséquent dans celui de l'agriculture.

« Il serait impossible, — je l'ai essayé pour ma part, et je n'y ai pas réussi, — il serait impossible de faire le compte de ce que l'agriculture supporte en fait d'impôts ; mais on ne saurait nier qu'elle est placée sous le poids de charges extrêmement lourdes.

Je ne demanderai donc pas, pour le moment du moins, des réductions d'impôts qui ajouteraient au déficit de vos finances. Je sais bien que tout le monde accepterait ce remède, et que les partisans du libre échange, notamment, ne demanderaient pas mieux que de se débarrasser de l'agriculture en la renvoyant au budget ; mais je ne les suivrai pas dans cette voie, car je suis le seul ici, avec les commissaires du Gouvernement peut-être, qui défende le budget des recettes, et je le fais parce que je sais bien qu'après avoir voté les dépenses, il faut voter les moyens d'y faire face.

Enfin, il y a la troisième aggravation des charges de l'agriculture, c'est l'augmentation des salaires.

Quelqu'un nie-t-il, et notre honorable collègue, qui avait la parole tout à l'heure, nierat-il lui-même, que l'augmentation du prix de la main-d'œuvre, et non-seulement l'augmentation du prix, mais la privation de la main-d'œuvre elle-même, soit une des causes essentiels de la gêne de l'agriculture? Que les salaires des ouvriers augmentent, rien de plus légitime. Moi, qui reconnais que le fermage doit augmenter avec le temps et le changement des valeurs, je me garderai bien de méconnaître que le salaire des ouvriers doit augmenter aussi par la même raison. Mais voici contre quoi je m'élèverai toujours : c'est contre tout ce qui se fait avec précipitation, parce que tout ce qui se fait avec précipitation se fait mal et amène des pertubations douloureuses dans tous les intérêts. »

Rien de plus juste que cette considération. Combien ne faut-il pas de temps aux moissons pour mûrir, aux arbres pour atteindre leur entier développement, à l'enfant pour devenir homme? Quant au mal, il arrive toujours avec une promptitude désolante, vertigineuse. — C'est une heure de bombardement qui anéantit une cité florissante; c'est l'éruption d'un volcan qui détruit ce qui l'environne ; enfin c'est la foudre qui, instantanément, étincelle et pulvérise.

« Eh bien, on a transporté, — les statistiques fournies par le Gouvernement le constatent, — on a transporté en quelques années, en dix ans, 3,500,000 individus, ouvriers et familles, 3,500,000 individus de la campagne dans les villes. »

Voilà évidemment une des causes de la souffrance dont se plaignent les campagnes.

« Comment voulez-vous que les salaires n'aient pas augmenté d'une manière soudaine et embarrassante?

L'augmentation des salaires, quand elle est

lente, progressive, naturellement produite en un mot, est excellente en soi, parce que tout le monde s'y prépare et que les conditions de la production se modifient ainsi peu à peu, avec mesure, de manière que chacun de son côté puisse y suffire.

Mais, je le répète, cela s'est fait brusquement, et il est résulté non pas seulement une augmentation énorme dans le prix de la main-d'œuvre, mais une privation de cette main-d'œuvre : tous les agriculteurs unanimement déclarent que les bras leur manquent.

On les renvoie aux machines. Si je vous lisais ce qu'ont déclaré des agriculteurs de profession, notamment M. de Voisin de Lavernière, qui a fait dans son comice de Lavaur un discours des plus remarquables, lequel a circulé dans tout le midi de la France, et qui le méritait certainement, vous verriez si les machines sur lesquelles on paraît compter pour se passer de la main-d'œuvre ont donné tout ce qu'on en attendait. »

On ne peut le nier, cependant, les machines à battre, à vanner, à couper le foin, la paille, etc., rendent de grands services. Pour en recueillir les avantages, nos agriculteurs n'ont pas même besoin d'avoir à leur disposition des sommes importantes, attendu que chacun d'eux, moyennant une faible redevance, fait amener ces machines chez lui, et les utilise à son profit.

« Trois circonstances ont donc aggravé la situation de l'agriculture par rapport aux moyens de production : c'est l'augmentation naturelle du fermage, c'est l'augmentation très-considérable des impôts, »

L'augmentation des fermages est loin d'avoir été nuisible aux propriétaires du sol, que l'on doit comprendre parmi les agriculteurs. Quant à l'accroissement de l'impôt, en servant à ouvrir des routes, à creuser des canaux, à établir des chemins de fer, etc., il n'a pas manqué non plus d'être favorable à la culture.

« c'est enfin l'augmentation très-brusque du prix de la main-d'œuvre, et surtout la privation de cette main-d'œuvre causée par la précipitation avec laquelle on a entrepris tous les travaux publics à la fois.

On a entrepris les chemins de fer. Ils étaient nécessaires, soit. Mais, lorsque déjà on était condamné à agir précipitamment dans l'exécution des chemins de fer, pourquoi y ajouter de purs travaux d'embellissement, bien plus dangereux encore pour l'accumulation des ouvriers dans les villes que les travaux des chemins de fer. »

Nous partageons ici complétement les opinions de l'orateur.

« En effet, les travaux des chemins de fer, en partie du moins, laissent l'ouvrier presque à la campagne; mais les travaux des villes les arrache à la vie des champs, et leur en enlèvent le goût en leur en ôtant l'habitude. Vous ne pouvez, en effet, ces travaux des villes terminés, les renvoyer aux salaires ni aux mœurs de leur village. »

Il serait même fort heureux pour la moralité des habitants de la campagne, en raison des habitudes contractées par ces ouvriers dans les villes, que ce retour fût impossible.

« En présence de ces causes incontestables de renchérissement dans la production, portez un regard sur ce que j'appelle l'avilissement du prix des produits de l'agriculture.

Effectivement tous ses produits ont baissé à la fois. »

Tous les produits n'ont pas baissé de prix. En effet, la viande a renchéri, le prix des pommes de terre s'est maintenu, les huiles indigènes, malgré l'importation abondante de l'huile de pétrole, sont plus chères qu'autrefois, etc.

« Il y en a dont la baisse est déjà ancienne et provient de la nature même des choses. Il n'y à s'en prendre à personne; mais, qu'il y ait à s'en prendre à quelqu'un ou à personne, l'agriculture n'en souffre pas moins.

Ces souffrances, je vous les énumère très-rapidement, pour ne pas vous retenir sur des détails qui ne vous apprendraient rien, car ce que je vais vous dire, vous le savez probablement tous.

Premièrement, les laines ont baissé de plus de 50 p. 100. Je les ai vues, au commencement de ma carrière, à 2 fr. et demi la livre non lavées; elles sont tombées plus tard à 2 francs, puis à 1 fr. 50 c., et, à l'heure qu'il est, la plupart des propriétaires vous diront qu'ils sont très-heureux quand ils peuvent les vendre à 1 fr. »

Au commencement de la carrière de M. Thiers, la laine, en effet, se vendait plus cher qu'aujourd'hui; mais il faut remarquer qu'alors, en général, elle était de très-bonne qualité. Aujourd'hui, en raison du prix de la viande, les agriculteurs considèrent la bête ovine plutôt comme produit alimentaire que comme produit lanifère. Aussi n'élèvent-ils la plupart du temps que des moutons dont la laine grossière ne peut avoir la même valeur qu'auparavant.

« Tous les autres produits accessoires de l'agriculture, les cuirs, les suifs, ont baissé aussi dans des proportions considérables par la même cause. Cette baisse, je le reconnais, n'est imputable à personne. Il est bien certain qu'aucun gouvernement ne pouvait repousser les laines d'Australie ; il est bien clair encore qu'on ne pouvait pas repousser ni les cuirs, ni les suifs de l'Amérique méridionale ; seulement peut- êre aurait-on pu conserver quelques droits : c'est une question qu'on peut discuter, je ne serai pas absolu là-dessus ; mais il est certain qu'on a brusquement supprimé tous les droits. »

Selon nous, c'est un tort. On aurait pu

frapper le cuir, la laine, l'huile de pétrole, le suif, etc., de légers droits à l'importation, qui auraient rejeté sur les nations étrangères une partie de nos impôts. Bien que, par suite de cette mesure, les industriels français eussent payé la matière première un prix plus élevé, ils auraient trouvé une compensation dans le dégrèvement des patentes, des impôts mobiliers, des taxes sur la consommation du vin, du tabac, du sel, etc., qui en serait naturellement résulté.

« Maintenant, on conseille à l'agriculteur des cultures perfectionnées. En quoi consistent les cultures perfectionnées? C'est l'introduction, dans les assolements, des plantes oléagineuses, par exemple, l'introduction particulière de la betterave. Eh bien, les plantes oléagineuses ont toutes baissé, vous le savez, parce que les graines oléagineuses venaient de Russie et de l'Inde. La ville de Marseille reçoit une centaine de bâtiments de sésames qui sont pris aux bords de l'Indus. Cette baisse des graines oléagineuses est encore pour l'agriculture une cause de souffrances considérables.

Puis est venue s'ajouter à cela l'huile de pétrole, qui elle-même cause de graves préjudices aux plantes oléagineuses de tous les pays.

On me dira : Ce n'est pas la faute du Gouvernement ! Soit ; ce n'est pas au Gouvernement que je m'en prends, mais à certaines doctrines. Il est positif cependant qu'il y a là des faits graves et très-fâcheux pour l'agriculture. »

Nous croyons qu'en effet le Gouvernement est plein de bon vouloir pour les contribuables. Mais il a eu le tort de prendre à lui seul, bien qu'il en eût le droit d'après les constitutions de l'empire, la responsabilité de mesures qui réclament l'assentiment, ou tout au moins la discussion et le vote des intéressés.

« Quant à la betterave, véritable providence

des départements du nord, que de peine n'a-t-il pas fallu pour la sauver des mains de ces mêmes hommes dont je combats les doctrines?

Ici même, dans cette enceinte, j'ai eu à lutter quinze jours contre eux pour maintenir en France la culture de la betterave. Au nom de ces principes nouveaux, on me disait qu'il fallait laisser faire à chaque contrée ce qui lui appartient naturellement, que le sucre n'appartenait pas à l'Europe, qu'il appartenait aux contrées intertropicales, et les libéraux en industrie demandaient dans cette enceinte l'interdiction de la production du sucre de betterave.

Eh bien, j'ai lutté opiniâtrément, et je m'applaudis tous les jours, pour les départements du nord et pour notre agriculture en général, d'avoir été en cette occasion cet esprit ferme, entêté, qui ne veut rien accorder à certaines innovations! »

On doit une grande reconnaissance à M. Thiers pour les lances qu'il a rompues afin d'obtenir que l'on protégeât temporairement la fabrication du sucre de betterave. Nous sommes ainsi, à l'égard de ce produit, indépendants de la puissance maritime de nos voisins; mais le même régime économique ne peut s'appliquer à toutes les espèces de marchandises.

« J'ai résisté, et la betterave a été pendant vingt ans la providence des départements du nord et de beaucoup d'autres. Eh bien, cependant, à l'heure qu'il est, cette culture souffre. Pourquoi? Parce que les prix des sucres ont diminué de moitié, parce que les alcools, d'après la déclaration du congrès des sociétés savantes, ont passé de 96 à 43 fr.

Je ne ne m'en prends à personne, mais c'est encore un fait embarrassant pour l'agriculture.

Maintenant, la culture qui semble la plus naturelle à la France, qui semble avoir le moins souffert, c'est la culture de la vigne. On a promis à nos produits vinicoles les plus beaux, les plus vastes débouchés, des débouchés d'une étendue infinie.

Eh bien, Messieurs, ces débouchés ne se sont pas ouverts, parce qu'on n'a pas plus changé les habitudes de l'Angleterre qu'on n'a changé les nôtres.

Certainement, nos paysans du nord pourraient prendre plaisir à boire du vin au lieu de bière ; cependant, la bière étant leur boisson naturelle, ils l'ont préférée. Les Anglais en ont fait tout autant, et nos vins n'ont pas trouvé les débouchés qu'on avait promis.

Les vins du Midi, il est vrai, ont fait une grande fortune, mais courte, parce qu'elle a été précipitée. Je dis précipitée, et vous allez voir quelle en a été la cause et la conséquence. Pourquoi les vins du Midi ont-ils trouvé tout à coup un si grand débit ? C'est par suite des mêmes causes qui avaient amené des masses d'ouvriers dans les villes, et qui avaient ainsi augmenté vos impôts indirects et fait crier au miracle. Les consommateurs se multipliant tout à coup, il a fallu trouver des vins pour y suffire, d'autant plus que, pendant plusieurs saisons, les vins du Centre ont fait défaut. Alors les vins du Midi se sont précipités par les voies ferrées dans le centre, et vers Paris surtout. En même temps, leur quantité ayant souffert de l'oïdium, l'augmentation des prix n'a été que plus excessive : ce qui valait 20 francs est monté à 60 fr.; ce qui valait 15 francs est monté à 45 francs; des vins qui se vendaient 3 francs, et qu'on avait été obligé de brûler, comme on le dit dans le pays, — c'est l'expression technique, — ont monté au prix de 10 francs.

Mais tout ce qui est précipité, je le répéterai toujours, n'a pas de durée, et aujourd'hui, la production du vin ayant repris son niveau dans le Centre de la France, les vins du Midi, rencontrant des rivaux, n'ont pas trouvé à se placer aussi facilement. En même temps, la betterave, qui avait reçu un grand développement, et qui, au lieu de faire exclusivement du sucre, avait voulu faire des esprits, la betterave a fait concurrence, et alors, tout à coup, on a vu les vins du Midi retomber de 60 à 20 francs, de 45 à 15 francs, de 10 à 5 et à 6 francs.

Je ne dis pas que cela ne dût pas nécessairement arriver, que les vins du Midi ne dussent s'y attendre; mais en quoi trouvez-vous étonnant que, dans les départements mêmes qui avaient été les plus prospères, il y ait aujourd'hui un sentiment de souffrance très-considérable?

Vous savez tous quelle est la calamité qui a affligé le Midi de la France : la maladie des vers à soie. Eh bien, là, il y a eu plus de 100 millions de perte par an depuis quelques années. Je ne veux attribuer cela à personne, bien entendu, mais je veux vous montrer qu'il n'est pas vrai que l'agriculture soit folle quand elle se plaint vivement. Vous voyez qu'en effet elle a des causes réelles et profondes de souffrances.

Maintenant il faut ajouter que les bois, par suite du traité de commerce, dans les provinces où la métallurgie a été profondément atteinte, ont subi une perte de valeur très-considérable. Je ne parle pas des bois de charpente, qui se sont maintenus, grâce aux travaux de construction dans les villes; mais les bois taillis, qui sont une grande ressource de la propriété, les bois taillis ont perdu une partie de leur valeur dans cinq ou six provinces de la France. (Mouvement.) »

Tous les faits signalés ci-dessus sont de la plus grande exactitude; mais les propriétaires seuls souffrent de cet état de choses. Quant à toutes les autres personnes qui de près ou de loin tiennent à l'agriculture, elles ont vu s'accroître leurs salaires, leurs honoraires, leurs traitements.

« Une seule industrie, celle du bétail, n'a pas été en souffrance. Elle a prospéré par la même cause qui avait fait prospérer les vins du Midi, par l'augmentation des consommateurs dans les villes. (Interruption.)

Cependant, comme là aussi les choses se sont passées très-vite, elles ne se sont pas passées le mieux possible. Les pays qui élèvent le bétail ont usé de leur droit : ils ont vendu le bétail maigre à un très-haut prix à tous ceux qui pratiquent l'engraissement, et vous pouvez vous adresser à ces derniers, il vous diront maintenant qu'ils ne trouvent pas un prix suffisant du bétail gras. (Mouvements divers.) Tout cela, je ne dirai pas que ce ne serait rien, mais enfin tout cela, l'agriculture l'aurait supporté patiemment, si une perte nouvelle inattendue n'était venue la frapper soudainement. Mais qu'est-ce qui a précipité la crise? qu'est-ce qui a mis l'agriculture dans l'état de souffrance où elle se trouve? C'est le bas prix des céréales.

Me voici maintenant, Messieurs, tout à fait au cœur de la question qui nous occupe.

M. de Benoist, qui est assurément un habile agriculteur, vous disait tout à l'heure, et j'ai été confondu d'entendre de la bouche d'un agriculteur expérimenté comme lui de semblables assertions, M. de Benoist vous a dit : Les céréales ne sont pas aussi utiles qu'on le prétend, et elles ne sont pas la principale production de l'agriculture.

Je vous assure que, pour ma part, moi qui n'ai dans tout cela que le savoir d'un homme qui s'est occupé, pendant toute sa vie, de ce qui touche à la haute administration de l'État, j'ai été très-étonné d'entendre dire une telle chose. Comment! les céréales ne sont pas la partie importante de l'agriculture? Mais les céréales sont à l'agriculture ce que l'agriculture est à l'ensemble de la production française.

J'ai fait, moi aussi, des calculs sur l'ensemble de la production française; j'ai vu porter successivement à 8, à 12, à 15 milliards l'ensemble des industries de la France.

Eh bien, je reste convaincu que, malgré les calculs de beaucoup d'économistes, c'est le plus gros de ces chiffres qui est le vrai.

On a souvent dit que nous autres, gens du passé, nous ne connaissions pas la grandeur de la France : apparemment on voulait dire que nous ne l'aimions pas. Je proteste, moi, qui suis de ces gens du passé, je proteste contre ces sortes d'assertions, et, malgré certains esprits, je soutiens que la production totale de la France n'est pas moins de 15 milliards annuellement.

Je n'entre pas dans ces détails, mais je dis que l'agriculture figure pour les deux tiers dans cette immense valeur. »

Certainement, M. Thiers n'exagère pas lorsqu'il évalue à quinze milliards la production française ; car nous l'estimons, avec plusieurs statisticiens, au moins à vingt milliards. Toutefois, nous croyons que, dans cette valeur, c'est l'industrie qui prime l'agriculture. Cette observation est essentielle et mérite qu'on s'y arrête. On pourrait peut-être se fonder sur l'assertion de l'illustre publiciste pour contester l'énorme importance de notre industrie.

«.... Les partisans des cultures perfectionnées veulent qu'on introduise le bétail, et pour cela les plantes fourragères, parce qu'avec les plantes fourragères on nourrit le bétail, et qu'avec le bétail on obtient les engrais.

Mais tout cela, pourquoi, sinon pour les céréales, qui ouvrent et ferment le cercle qui semble n'exister que pour elles? Retranchez les céréales de tout cela, et que devient alors votre agriculture? C'est la clef de voûte qui s'échappe. (Mouvement.)

Venir nous dire que les céréales ne sont pas la partie essentielle de l'agriculture, c'est vraiment la plus étrange des assertions!... ..

Toutes les parties de l'industrie agricole, permettez-moi cette comparaison, sont une voûte véritable où chaque pierre est nécessaire à sa voisine, et si elle venait à manquer, tout l'édifice s'écroulerait à la fois. Les céréales sont la maîtresse pierre, la clef de voûte, comme on l'appelle; et si vous ne voulez pas précisément la supprimer, vous ne lui accordez pas toutefois son importance véritable. »

Toutes les parties de l'industrie agricole ne forment point une voûte dont chaque pierre est nécessaire à sa voisine. En ce qui concerne les céréales, on peut très-bien, sans qu'il en résulte aucun préjudice pour la France, restreindre leur culture. Nous dirons même que dans beaucoup de départements il serait désirable qu'il en fût ainsi. Voici sur quels motifs nous nous appuyons.

Dans une agriculture bien entendue, il

s'agit de produire le plus possible, en conservant toujours au sol sa même fertilité, en l'augmentant même si on le peut. Or la tendance du cultivateur français est presque toujours d'agrandir, même en labourant ses pâtures, les terres qu'il emblave en froment (1), graminée que l'on sait être fort épuisante. — Il y aurait donc avantage à ce que cette graminée, au lieu de gagner du terrain, se circonscrivît. Les champs seraient plus fumés, nécessiteraient moins de journées de charrues, se stériliseraient moins, produiraient presque autant de blé que par le passé, et, en définitive, son prix de revient diminuerait. De cette modification dans les emblavures il ne résulterait donc pas que la clef de voûte se détacherait et que tout l'édifice de l'agriculture s'écroulerait.

. . . .

(1) Voyez p. 76 et suiv.

« Je parle actuellement du prix de revient seul, je parlerai tout à l'heure du prix rémunérateur.

Dans le prix de revient seul il y a : le prix de bail, les frais d'exploitation, les engrais, l'impôt, la vie du fermier, c'est-à-dire sa nourriture.

. . . .

. . . .

Voilà pour moi des vérités incontestables, et je dois dire qu'elles seront trouvées peut-être en dessous de la vérité dans nos campagnes, non pas par ceux qui n'écoutent que leurs souffrances, mais par les hommes plus réfléchis qui méditent sérieusement sur la question.

Il est donc vrai qu'aujourd'hui l'agriculture aurait besoin de 20 fr. (par hectolitre de froment) pour obtenir une rémunération suffisante, et qu'en réalité elle ne perçoit que 16 fr. et quelques centimes (16 fr. 40 c.) ; j'ai même des déclarations de département qui contestent ce chiffre absolument ; mais je l'accepte si on veut. »

Il nous paraît très-facile de répondre à

l'orateur. Le prix de revient de 16.40 pour l'hectolitre de froment, comprenant la rente qui est le 1/3 ou le 1/4 de ce prix, en réalité, si, par une mesure autoritaire quelconque, on élève la valeur de cette denrée, c'est plutôt aux propriétaires qu'aux fermiers qu'on assurera de bons revenus.

Quoi! il a plu à quelqu'un de payer, par suite de considérations particulières dans lesquelles nous ne voulons pas entrer, un immeuble agricole fort cher, et il serait indispensable que le Gouvernement intervînt, au préjudice des autres contribuables, pour empêcher cet immeuble de se déprécier. — Serait-ce l'intérêt général qui l'exigerait? Nous ne voyons là que l'intérêt des propriétaires fonciers.

Oh! si, en avantageant une classe de citoyens, on pouvait accroître les richesses de la France, ce serait bien différent. Mais ici, comme on le dit vulgairement, on déshabillerait Pierre pour vêtir Paul, et tout au moins (1) on n'aboutirait qu'à commettre une criante injustice.

Est-on ému de la perte éprouvée par les fermiers? — Encore une fois, il n'est pas de société qui puisse garantir à ses membres une constance inaltérable dans les conditions où ils se sont trouvés quand ils ont passé tel ou tel marché. Usant de leur libre arbitre, ils doivent accepter les éventualités prévues ou imprévues, que mille causes peuvent faire naître; et, de même que le bénéfice ne les soumet individullement à aucune restitution, de même aussi ils n'ont rien à réclamer en cas de perte.

Une question analogue s'est présentée lorsque le prix de location des appartements, dans certaines villes, est venu à diminuer. On n'a jamais songé à indemniser ni les propriétaires, dont les revenus s'amoindrissaient,

(1) Nous nous sommes déjà appesantis sur les autres désordres qui seraient la conséquence d'une telle manière d'agir.

ni les locataires, dont le bail continuait à courir et avait été contracté onéreusement. Seulement, il aurait été convenable de répartir les impôts d'une autre manière.

. . . .

« (Les agriculteurs) . . . .
. . . . souffrent, ils ne peuvent pas ne pas souffrir et ne pas se plaindre.

Maintenant, quelle est la cause de tout cela? J'ai établi aussi exactement que je l'ai pu l'état vrai des choses: c'est, je le répète, une insuffisance de 2 à 4 fr. par hectolitre, pour que l'agriculture des céréales soit modestement rémunérée. A quoi attribuer une semblable situation?

Le Gouvernement dit : C'est l'abondance! Assurément, quoique je ne veuille pas chercher querelle à notre honorable collègue M. Pouyer-Quertier, qui a si bien défendu l'intérêt que je défends, assurément, si j'admettais qu'il y a 50 millions d'excédant, je serais de l'avis de M. le commissaire du Gouvernement : il n'y aurait qu'à subir les conséquences de l'abondance, et l'abondance est un bienfait. Il ne faut pas maudire les bienfaits de la Providence : on est un être maudit quand on maudit la Providence. (Très-bien ! très-bien !) »

Certes l'abondance est en général un bienfait du ciel ; mais, lorsqu'elle se produit inopinément, il peut en résulter de véritables désastres pendant un certain temps, par suite de la voie dans laquelle la civilisation a fait entrer les sociétés modernes pour créer et faire circuler les richesses.

Voyez, par exemple, ce qui se passerait dans le monde, avec notre division des industries, si, par un heureux hasard ou par un effort de l'intelligence, on parvenait à fabriquer le vin en quantité énorme et à un prix qui rendrait dérisoire la culture de la vigne. Immédiatement les viticoles tomberaient dans la plus extrême misère.

Cette insigne découverte serait, sans nul doute, quelque peu après, une excellente fortune pour l'humanité tout entière. Toutefois il n'en faudrait pas moins déplorer le malheur de courte durée dont nous venons de parler. Cette question, du reste, a été souvent agitée à propos des machines, et la solution qu'on en a donnée a été le plus généralement conforme à celle-ci.

« M. Thiers. — Ce n'est donc pas l'abondance que nous maudissons ; mais je vais plus loin : je ne crois pas à cette abondance.

M. de Tillancourt a reçu ce matin des lettres, et comme il ne voulait pas prendre la parole aujourd'hui, il m'a communiqué ces lettres; elles émanent de commissaires en grains. En voici un qui écrit hier :

« Nous croyons pouvoir affirmer qu'il reste tout au plus en France aujourd'hui ce qui restait à cette même époque l'année dernière, et nous n'avons que les quantités nécessaires pour attendre la récolte prochaine. »

Dans une autre lettre qu'il a reçue aujourd'hui, la même assertion est répétée ; cette lettre est d'un de ses correspondants de Strasbourg, et il s'y trouve cette phrase : « A la suite de la discussion commencée, mon opinion est que nous n'avons absolument rien en réserve. » (Interruptions diverses.)

Permettez, Messieurs, je vais m'expliquer. Je suis persuadé que ceux qui écrivent ces lettres sont de très-bonne foi.

Eh bien, il faut expliquer cela.

Non, il n'est pas vraisemblable qu'on soit dans un état de pénurie ; il n'est pas vrai non plus qu'on soit dans un état d'abondance telle qu'elle puisse expliquer la baisse actuelle des prix.

Je vais, à cet égard, vous soumettre quelques raisonnements qui me semblent incontestables. Pour expliquer cette abondance, on nous dit tous les jours que la récolte de 1863 a été la plus belle récolte du siècle. Elle a été fort belle assurément ; elle a même été la plus belle récolte du siècle, numériquement parlant.

Mais, quand vous faites cet éloge si mérité de la récolte de 1863, vous oubliez qu'à des époques antérieures il y a eu des récoltes qu'on ne peut appeler les plus belles du siècles, puisqu'elles se rapportent à des époques où la moyenne de la production annuelle était de 60, 70, 80 millions; mais il ne faut pas s'en rapporter au nombre seul des hectolitres, car c'est la quantité absolue : il faut s'en rapporter à la saillie que forme une belle récolte sur les années précédentes ou suivantes.

. . . .
. . . . »

M. Thiers s'engage ici dans une longue discussion qui tend à prouver qu'en réalité les céréales ne sont pas en aussi grande abondance qu'on l'a prétendu, mais son argumentation, selon nous, n'a rien de concluant, attendu que les documents sur lesquels il s'appuie n'offrent pas assez de certitude. Du reste, quant à la saillie d'une récolte sur la précédente, nous ferons observer que le même accroissement proportionnel, dans le rendement de deux récoltes

20

consécutives) en raison de ce que la population actuelle de la France boit plus de vin, mange plus de viande, et, en conséquence, consomme moins de grains), doit aujourd'hui, bien plus que par le passé, influer sur la baisse des mercuriales.

« Il est donc incontestable qu'en présence d'une bonne récolte, suivie d'une récolte ordinaire et d'une mauvaise, il n'est pas naturel que les prix soient tombés au taux où vous les voyez.

Pour moi, ils sont tombés à ce taux par deux raisons : la première est la suppression du commerce intérieur; la seconde, c'est la mise en communication par le commerce extérieur du marché français avec les marchés du dehors. »

Les deux raisons alléguées par M. Thiers nous paraissent avoir eu beaucoup moins d'action sur l'avilissement des grains que les motifs suivants.— Autrefois, par suite de la difficulté des communications, chaque localité ne connaissait que très-imparfaitement les existences en céréales des autres parties de la France. Il était seulement à la connaissance de tous que les sept vaches maigres devaient suivre les sept vaches grasses, et que la France ne produisait pas, moyennement, le blé nécessaire à sa subsistance. L'on partait de là pour garder, lors des meilleures années, de fortes réserves dans ses greniers, et l'on maintenait ainsi les prix.

De nos jours, comme il est avéré qu'année commune la production excède la consommation, déjà, pourquoi faire des réserves? Ensuite, lorsqu'une récolte un peu notable vient à se déclarer, les chemins de fer se chargeant aussitôt de sonner l'alarme dans chaque département, de tous côtés on s'empresse de vendre, et les prix s'abaissen dans des proportions auxquelles le libre échange est étranger.

. . . .

« M. Thiers. Pourquoi le propriétaire veut-il vendre? Pourquoi le fermier veut-il vendre? Pourquoi le marchand de blé n'est-il pas là pour acheter? Par une raison très-simple. Tout le monde, tous ceux au moins que j'ai consultés, sont unanimes : depuis qu'on a brusquement, par un coup de télégraphe, fait tomber, en 1861, tous les droits, et que les blés étrangers se sont précipités chez nous avec une sorte de violence, qui peut-être a été utile dans le moment, la spéculation a été terrifiée, et tous ces commerçants du blé répètent unanimement qu'ils ont peur de la grande spéculation, et qu'ils n'osent plus se hasarder à faire des spéculations isolées sur les blés. Le commerce intérieur, qui était le plus bienfaisant de tous, a été détruit, et maintenant le commerce extérieur regne seul. »

Ce qui se passe aujourd'hui en France nous paraît fort heureux. On n'y verra plus ces prix de famine, ces écarts de mercuriales, d'une contrée à l'autre, aujourd'hui presque incroyables, et que les relevés de l'administration ont porté, en 1816, jusqu'à 40 fr. par hectolitre.

« M. le commissaire du Gouvernement a passé hier devant un argument qu'il a très-nettement exposé ; mais, après l'avoir très-gracieusement salué, je crois qu'il n'y a pas répondu. Cet argument, que tout le monde répète, est celui-ci : Ce n'est pas la quantité des blés entrés, c'est la possibilité de faire entrer des blés qui est la cause de la baisse.

Vous dites : Mais il est sorti plus de blé qu'il n'en est entré, donc ce n'est pas le commerce extérieur qui doit en être la cause.

Il y a une chose que tout le monde sait dans le commerce. Qu'est-ce qui fait le prix ? C'est l'offre et la demande. On écrit de la Champagne à un marchand de fers, on lui offre des fers à 220 francs la tonne ; pour ce prix-là, on a de très-bons fers.

Ce marchand répond au producteur de la Champagne : Je puis avoir ces fers à 210 fr.

Le producteur se décide, suivant qu'il a ou qu'il n'a pas besoin d'argent; s'il n'a pas besoin d'argent, il attend ; mais s'il en a besoin, il se rend. C'est là ce qui fait le prix : ce n'est pas l'entrée effective des fers étrangers, c'est la possibilité de les avoir ; ce n'est pas l'entrée elle-même, c'est la possibilité de l'entrée. »

Nous ne pouvons qu'applaudir à ce raisonnement, qui est parfaitement exact. La possibilité de l'entrée des marchandises influe autant que l'entrée elle-même sur la hausse ou la baisse des prix.

« . . . . . . Si vous suivez le méridien de Paris, vous verrez qu'il monte à Dunkerque, puis descend à Bourges, et va jusqu'à Carcassonne. Tout ce qui est à l'ouest de ce méridien se suffit et au delà ; c'est là que se produit cet excédant de quelques millions dont je vous parlais tout à l'heure. A l'est de ce méridien-là on ne se suffit plus.

Mais il faut distinguer. Dans le nord de cette région de l'Est se trouvent la Franche-Comté, la Bourgogne, qui sont des provinces très-riches, très-abondantes en grains. Si vous descendez vers Lyon, Avignon, vers toute cette belle contrée qui cultive le mûrier et la vigne, là le blé manque, il manque dans des proportions considérables ; j'ai parfaitement confirmé, à cet égard, ce que disait M. le commissaire du Gouvernement.

Alors, comment se fait la distribution? La Franche-Comté et la Bourgogne, quelquefois les provinces du Centre, envoient par la Saône et le Rhône, qui ne coûtent rien comme transporteurs, — ce sont des rouliers à très-bon marché, — envoient leurs grains vers le Midi.

Mais ce n'est pas seulement la Franche-Comté et la Bourgogne, c'est aussi le Languedoc qui envoie des grains vers le Midi.

Eh bien, adressez-vous aux agriculteurs de la Franche-Comté et de la Bourgogne, et ils vous diront tous que depuis deux ou trois ans, surtout depuis la grande entrée de 1861, ils n'envoient plus leurs grains dans le Midi ; c'est là ce qui fait leur détresse. »

N'est-il pas rationnel que la consommation du Midi, en fait de céréales, ne soit pas monopolisée par les producteurs de la Franche-Comté et de la Bourgogne, lorsque ce monopole n'a aucune utilité pour la France (1).

. . . .

« Messieurs, tout à l'heure je vous dirai un mot de la grande expérience qu'a faite l'Angleterre. Je vous demande pardon de vous retenir si longtemps.

Voix nombreuses. Non ! non ! — Parlez !

Quelques voix. Reposez-vous !

M. THIERS. Non, Messieurs, j'aime mieux terminer plus vite et votre supplice et le mien. (Non ! non ! Parlez !) Mais, enfin, il faut que j'arrive à préciser la question avec la dernière ri-

(1) Pour ne pas nous répéter, voyez p. 170 ce que nous avons répondu à M. Dupin.

gueur; et vous allez voir, Messieurs, à quel point cette question est grave, vous allez voir que vous ne pouvez pas en traiter de plus grave.

Quel est le phénomène qui s'est produit en Europe depuis que l'Angleterre a commis la grande témérité, qui lui a réussi (je vous dirai pourquoi et comment), la grande témérité d'ouvrir tous ses marchés à toutes les nations ? »

On ne peut accuser de témérité l'Angleterre pour avoir ouvert, ainsi qu'elle l'a fait, son marché à toutes les nations. Ne fait-elle pas rendre une somme de six cents millions à ses douanes? On sait qu'elle a conservé d'énormes droits sur le vin, le sucre, le tabac, le thé, la drèche, etc. (1).

« Elle a eu pour en agir ainsi de grandes raisons que je vous dirai tout à l'heure, et vous

(1) Voyez p. 33 et suiv.

verrez qu'elles ne sont pas applicables à la France. Quand elle a accompli ce grand acte, elle avait en vue la création d'un grand marché pour toutes choses, et elle en a certainement créé nn pour les blés, et qui est immense, car dans une année il est entré chez elle 50 millions d'hectolitres de blé. Et savez-vous ce que représentent 50 millions d'hectolitres? 4 millions de tonnes! La marine française n'a qu'un million de tonnes, la marine anglaise en a 4 millions. Je cite ces chiffres pour montrer l'importance de ce marché. Il est une des grandeurs de l'Angleterre.

Eh bien, Messieurs, qu'est-ce donc qu'un grand marché? C'est un compensateur universel des circonstances commerciales, climatériques et politiques.

. . . . . . Eh bien, quel est le résultat de cette compensation universelle? C'est la création d'un prix moyen, et il n'y a pas eu un observateur un peu sagace qui n'ait été frappé de ce phénomène. C'est la création d'un marché universel de grains en Angleterre, avec un prix moyen à peu près invariable. Un semblable marché, non pas concentré comme il est en Angleterre, s'est établi dans la Méditerranée.

La Russie verse ses blés dans la Méditerranée par le Dniester et le Dnieper, qui les apportent à Odessa; le Danube verse les siens par Galatz à Ibraïla dans la mer Noire. Les blés de Turquie se centralisent à Enos, à Salonique. Tous les bâtiments qui portent les blés viennent toucher à Malte; là, ils trouvent des avis et portent leur cargaison à Londres, si les prix sont plus avantageux que dans la Méditerranée; s'ils ne sont pas avantageux, ils vont à Naples, qui fournit toute l'Adriatique; ils vont à Livourne, à Gênes, qui fournissent toutes les deux rivières de Gênes, et viennent enfin à Marseille, qui fournit tout le Midi; il établit ainsi un prix moyen, qui, vous pouvez le voir par ce qui se passe actuellement, est au-dessus des prix moyens français. »

Cette supériorité des prix anglais sur le prix moyen français doit nous rassurer quant à l'établissement de ce marché.

« . . . . Je vous ai montré tout à

l'heure que nous étions en communication pour les portions de la France qui produisent plus que leur consommation, et qui se débarrassent du surplus par une exportation annuelle de 3 à 4 millions d'hectolitres, que nous étions en communication avec le marché anglais. Mais votre exportation dont vous vous vantez, elle est *surtout* en farines, et c'est un hommage rendu à notre belle industrie de la minoterie. »

Pourquoi *surtout?* N'est-il pas fort heureux que nos céréales s'exportent converties en farines? De la sorte, nous joignons aux faibles bénéfices qui résultent de l'exportation des matières premières agricoles des bénéfices bien supérieurs : ceux que l'on doit à la vente au dehors de nos produits industriels.

« . . . . . . Ensuite vous êtes en communication pour le Midi avec les prix de la Méditerranée.

Vous vous êtes donc mis par deux issues en communication avec ce que j'appelle le prix moyen universel. Eh bien, la question est là : La France, qui a besoin de 20 fr. pour un prix rémunérateur, peut-elle rester durablement en communication avec le prix moyen universel, qui est de 17 fr. d'un côté, de 18 fr. de l'autre?

Voilà la question. On fera des volumes si l'on veut, on ne la tirera pas de ces termes, car elle est là, et non pas ailleurs. Dans ma conviction, non, la France ne peut pas durablement supporter cette concurrence avec ce marché universel. »

Notre opinion n'est pas conforme à celle de M. Thiers. Selon nous, la France n'a nul besoin, pour produire du grain en abondance, de le payer 20 fr. l'hectolitre. Ce prix n'est désirable qu'afin de donner de plus grands revenus à nos propriétaires fonciers.

« On me dit : L'agriculture fera des progrès, et il faut qu'elle en fasse ; elle est une maladroite.

On dit cela à toutes les industries que, par des mesures un peu précipitées, on a mises dans l'embarras. Ce sont des maladroites ! Soit, elles le sont si vous le voulez, mais c'est un fait que cette maladresse, et il faut les prendre telles qu'elles sont. (Mouvement.) »

M. Thiers ne paraît établir aucune différence entre l'agriculture et l'industrie ; il en existe cependant une très-grande que nous avons signalée des premiers. L'industrie proprement dite peut, dans certaines circonstances, s'éteindre, s'annihiler complétement lorsqu'elle n'est pas protégée. — Quant à l'industrie agricole, ses produits s'accroissent ou diminuent en nombre et de prix suivant qu'elle se rapproche ou s'éloigne des centres riches et populeux, mais rien ne saurait faire qu'elle périsse. De ce contraste, et en outre de quantité d'autres motifs exposés précédemment, il est nécessaire de conclure qu'on ne peut mettre sur un pied d'égalité l'agriculture et l'industrie, et que les mêmes mesures économiques ne peuvent être appliquées à l'une et à l'autre.

« Vous dites à l'agriculture : Faites des progrès, améliorez vos cultures, introduisez le bétail, variez vos assolements ! Mais elle l'a fait, et c'est pour cela qu'elle a fait des progrès. Tous les conseils qu'on lui donne après coup, elle les a suivis avant qu'on les lui donnât. Et comment a-t-elle fait? C'est parce qu'elle faisait des bénéfices qu'elle a fait des progrès. Voici une loi que je regarde comme certaine en économie politique : Toute industrie ne fait de progrès que quand elle fait des bénéfices.

Plusieurs membres C'est vrai ! c'est vrai !

M. Thiers. J'ai observé avec une grande attention la marche de toutes les industries, et j'ai reconnu comme une loi certaine que, quand une industrie emprunte pour améliorer, c'est une industrie très-compromise, car à la première, à la plus légère crise, elle est obligée de liquider, et de liquider à perte. Il n'y a de vrais progrès que ceux que font les industries en se servant de leurs bénéfices pour se développer. Ceux-là sont les vrais, les bons progrès. (Très-bien ! très-bien !) »

Cependant, la plupart des industries, dont les racines ont pénétré profondément dans le sol français, se sont fondées non-seulement avec des actions composant le capital social, mais encore avec des obligations, qui ne sont qu'une forme d'emprunt. Les industriels les mieux famés ne font encore qu'emprunter lorsqu'ils émettent sur les diverses places des effets de commerce, des lettres de change.

Néanmoins, l'observation de l'éminent orateur est de la plus grande exactitude à l'égard de l'agriculture. Les améliorations agricoles rendent si peu, et la dépense qu'elles nécessitent est si considérable, que tout propriétaire qui les entreprend avec des capitaux prêtés aux taux de l'intérêt légal dilapide presque toujours sa fortune, lorsqu'il ne finit pas par se ruiner entièrement.

« Vous venez dire à l'agriculture : Faites des progrès, et vous la ruinez. (Nombreuses réclamations.) C'est la législation qui la ruine. (Bruit.) »

Ceci nous paraît quelque peu exagéré. L'existence de l'agriculture ne sera nullement compromise si l'on maintient la législation qui régit les céréales.

« M. Thiers. Maintenant, quant au crédit agricole, voyons ce qu'il est, Eh bien, Messieurs, vous avez entendu l'honorable M. Fremy. Hier, je m'étais entretenu avec lui ; nous étions parfaitement d'accord. Il m'a rappelé que tout ce qui arrive à ces établissements de crédit agricole ou autres, je l'avais prédit à la Constituante quand je disais : Vous allez faire un établissement de crédit foncier. Vous trouverez à prêter, savez vous à qui? A tous les constructeurs de maisons et à tous les spéculateurs de terrains; car l'agriculture ne s'adressera pas à vous, par une bonne raison : vous lui demanderez 7 0[0.

L'agriculteur gagne 3 à 4 0[0 quand il a bien employé les fonds qu'il a empruntés. (C'est vrai !) »

Rien de plus vrai. L'agriculture, dans ce moment, ne peut faire produire plus de 3 ou 4 p. 100 aux capitaux qu'elle confie à la terre. Tel est le faible parti qu'elle en tire! Voilà le mince intérêt qu'ils lui rendent! Quant à l'industrie, elle sait leur faire rapporter 10, 15, 30 p. 100, et chaque année ses réserves enrichissent notre pays.

« Maintenant, à défaut du crédit à long terme, l'agriculture pourra-t-elle recourir au crédit à court terme?

Mais, je le demande, quels sont donc les esprits chimériques qui peuvent se flatter d'appliquer à l'agriculture le crédit à court terme?

Qu'est-ce que le crédit à court terme ? Vous en avez l'exemple tous les jours à la Banque. Un fabriçant de chaussures achète du cuir à un marchand de cuirs en gros, et s'acquitte au moyen de ce qu'on appelle, en termes de commerce, un règlement ; il lui donne en payement un effet à six mois. Cet effet, le marchand de cuirs en gros le garde dans son portefeuille trois mois. Après trois mois, il le porte à la Banque, qui lui en donne la valeur par l'escompte, et qui attend alors les trois mois restant jusqu'à l'échéance ; et ainsi, avec les trois mois de patience qu'a eus le marchand de cuirs en gros, avec les trois mois de patience qu'a eus la Banque, on a gagné six mois, et en six mois le fabriçant de chaussures a réalisé le prix de ses chaussures.

Le crédit à court terme se comprend dans le commerce ; mais, en agriculture, penser que vous pourriez lui procurer le crédit à court terme, c'est une chimère. »

Évidemment, le prêt à long terme et le prêt à courte échéance, si ce n'est dans des circonstances toutes particulières, ne peuvent être mis à profit par l'agriculture. N'en résulte-t-il pas encore qu'elle doit être régie, économiquement, d'une tout autre manière que l'industrie proprement dite?

« Aussi l'honorable M. Frémy a très-bien justifié sa gestion; elle est sans reproche. Savez-vous ce qu'il n'a pas justifié? Ce sont les illusions qu'on fondait là-dessus. Avec la meilleure volonté du monde, il a fait une maison de prêts pour les spéculateurs sur les terrains, et, avec la meilleure volonté du monde, il n'a fait que quelque chose de parfaitement illusoire pour l'agriculture. L'agriculture ne peut prospérer par d'autres ressources que celles qu'elle accumule quand elle fait des bénéfices, quand elle a le prix rémunérateur dont je parlais tout à l'heure. (C'est cela!) »

M. Thiers insiste trop sur le prix rémunérateur. Que la terre se vende moins cher, et le prix rémunérateur se retrouvera. Nous le répétons, aucun privilége ne peut être donné à une classe de la société, à moins qu'il ne soit utile à la société tout entière.

« En persévérant, savez-vous ce que vous faites? Là est toute la question : vous voulez réaliser pour le France ce qu'on a fait pour l'Angleterre.

. . . .

Cependant, il y avait bien des raisons pour qu'en Angleterre on tentât une aussi grande témérité, bien qu'aux yeux des gens sensés de ce noble pays la question ne soit pas encore définitivement résolue. »

Cette question est certainement résolue au point de vue de l'économie politique. M. Thiers le reconnaîtra plus loin.

« Mais voici ce qu'instinctivement se disait M. Peel et ce que l'on s'est dit après lui : D'abord, l'Angleterre déjà est obligée, pour une partie considérable de sa consommation, de recourir à l'étranger. L'Angleterre ne se nourrit pas ; donc se battre, en cas de guerre, pour 15 millions d'hectolitres ou pour 30, revient à peu près au même.

Voilà ce qu'on se disait sous le rapport politique ; sous le rapport commercial, l'Angleterre avait tout à fait raison, puisque le but de leur ambition commerciale est de devenir ce qu'ont été les Hollandais au XVIe siècle. Les Hollandais avaient peu de territoire, ils n'en faisaient pas de cas ; mais ce qui constituait leur puissance maritime, c'était d'être le marché de l'univers. L'Angleterre y marche, mais n'y est pas tout à fait encore, bien que numériquement elle surpasse tout ce qui a existé jadis, car, sous le rapport des quantités, notre siècle surpasse tous les siècles.

Les Hollandais, après la paix de Westphalie, présentaient donc un phénomène immense : c'était d'être le marché universel du commerce du monde. Chez eux tout s'apportait ; de chez eux tout sortait. Tout venait s'acheter et se vendait chez eux. »

Ce qui est vrai, c'est que les Hollandais, seuls ou à peu près seuls, trafiquaient autrefois sur mer des produits des deux Indes, et qu'ils transportaient encore sur leurs navires une certaine partie des marchandises du nord de l'Europe.

Le commerce actuel de l'Angleterre est bien plus important. Aujourd'hui Londres est un entrepôt immense de marchandises de diverses sortes, où presque tout le commerce international vient s'approvisionner. Il y a plus, les payements de celles qu'il se fait livrer ailleurs sont d'habitude effectués sur cette même place.

. . . .

« . . . . . Eh bien, il y avait là des raisons considérables pour justifier le grand acte de M. Peel; et la plus grande des raisons, c'est que le sol était concentré dans quelques mains, c'est que M. Peel, en accomplissant ce grand acte, l'accomplissait au nom et aux dépens de l'aristocratie anglaise.

Eh bien, Messieurs, est-ce que c'est là votre situation? Est-ce que vous pouvez venir dire que, au nom de l'aristocratie française, vous consentez à abandonner les droits de l'agriculture? »

Nous avouons encore ne pas reconnaître aux agriculteurs français le droit de se faire protéger aux dépens de leurs concitoyens, et cela sans aucune utilité pour le pays.

« Un honorable collègue nous disait l'autre jour: « Vous êtes un gouvernement démocratique. » Je l'avoue franchement, ce langage m'a froissé, et j'espère en effet que le Gouvernement n'a pas voulu se donner une de ces dénominations spéciales empruntées à l'une des classes du pays. »

Nous partageons complétement cette manière de voir. Un bon gouvernement doit être établi dans l'intérêt de tous, et non dans celui d'une seule classe de citoyens. Aussi nous demandons que le Gouvernement actuel ne favorise pas les propriétaires fonciers au détriment des autres membres de la société française.

. . . .

« . . . . . Mais en vertu de quelle autorité abandonneriez-vous des droits qui ne sont pas les nôtres, qui sont ceux des petits cultivateurs, des petits paysans?... (Exclamations et rumeurs sur un grand nombre de bancs. — Assentiment sur quelques autres.) »

L'orateur revient encore sur ce mot de *droit*, qui ne nous paraît pas justifié. Les petits cultivateurs, les petits paysans, comme il les appelle, sont presque désintéressés dans la question, ainsi que nous l'avons établi ailleurs. Du reste, c'est la concurrence de tous qui doit fixer le droit de chacun, lorsque des priviléges ne sont pas accordés à quelques personnes dans un intérêt national.

. . . .

« . . . . . Pouvons-nous abandonner notre alimentation aux hasards du commerce maritime? Pouvons-nous, par exemple, consentir, comme l'Angleterre, à prendre le tiers ou le quart de notre alimentation au dehors? Je dis que cela serait insensé. »

Puisque nous exportons quantité de céréales, le moment nous paraît tout au moins mal choisi pour que l'on puisse réussir à nous faire craindre qu'elles nous manqueront dans l'avenir.

. . . .

« . . . . . Ensuite, est-ce que vous avez l'espérance d'attirer chez vous ce grand, cet immense marché auquel aspire l'Angleterre? J'ai entendu parler, il y a trois ou quatre ans, de cette prétention économique d'attirer de grands marchés en France, et on ruine tous nos marchés. Si vous observiez les faits commerciaux, vous verriez que tout ce que nous avons obtenu, c'est de faire faire à l'Angleterre un pas vers le but de son ambition, c'est d'agrandir ses marchés. Depuis quelques années, nous sommes obligés d'aller prendre, non pas dans l'Inde, non pas dans les Antilles, non pas en Amérique, tout ce que nous consommons; nous en prenons une grande partie dans les entrepôts anglais, et nous avons ainsi contribué nous-mêmes à accélérer le phénomène auquel elle aspirait. »

Cette observation est extrêmement juste, et il nous semble qu'il n'en a pas été assez tenu compte dans le vote de la chambre des députés, relatif aux surtaxes maritimes.

« Et maintenant, s'il fallait payer en métal

notre alimentation, dans le cas où nous ne la prendrions pas tout entière en France, songez tous à ce qui arriverait, et rappelez-vous ce qui vous est arrivé en 1846 : vous auriez besoin de prendre 2 ou 300 millions de grains au dehors.

Il a fallu une transaction avec l'empereur de Russie pour vous fournir le moyen de payer les blés que vous alliez chercher dans la mer Noire, et la Banque lui a cédé 2 millions et demi de rentes pour rendre les achats possibles, parce que votre numéraire n'aurait pas suffi. »

Nous ne manquons pas de capitaux, puisque c'est sur notre marché que la plupart des peuples chez lesquels le besoin s'en fait sentir viennent puiser par milliards de francs. Quant à la transaction dont parle l'orateur, il n'était pas indispensable de nous adresser à la Russie ; seulement cette nation nous a fourni à meilleur marché que d'autres les capitaux que réclamait alors notre situation financière.

. . . .

« Eh bien non, vous n'êtes pas dans la situation de l'Angleterre ! Non, vous ne pouvez pas accomplir le grand acte de Peel : car vous représentez une nation chez qui le sol est dans les mains de la nation tout entière ; car vous ne pouvez pas confier votre alimentation à la mer, dont vous n'êtes pas les dominateurs ! »

Tous les pays, sauf l'Angleterre, sont dans la même situation que nous, et, depuis un temps immémorial, il serait bien difficile d'en citer un qui ait éprouvé une disette parce qu'il n'était pas le dominateur des mers.

. . . .

. . . .

« Enfin, s'il fallait acquitter avec de l'argent une notable partie de notre alimentation, vous n'y suffiriez pas, vous ne pourriez pas combler le déficit de votre numéraire, car, dans l'état actuel de votre commerce, le solde en numéraire que vous recevez en balançant les entrées et les sorties d'or ou d'argent n'est pas de plus de 40 à 50 millions par an. »

. . . .

. . . .

C'est probablement parce que nous ne saurions faire usage d'une plus grande quantité de numéraire. — Une nation sans contredit plus riche que la nôtre, l'Angleterre, et qui conséquemment nous laisserait bien loin derrière elle s'il s'agissait de réunir une forte somme en or et en argent, ne possède d'habitude qu'environ un milliard de francs en espèces, tandis qu'on évalue à plus de quatre milliards le numéraire qui circule d'ordinaire en France.

Nous nous arrêtons ici.

Quelque éloquent, quelque consciencieux que soit le discours de M. Thiers, nous croyons avoir exposé et réfuté tous les arguments qu'il a fait valoir, avec sa merveilleuse intelligence, pour obtenir un accroissement de droit sur les céréales importées en France. Notre tâche nous paraît donc remplie.

FIN.

TABLE DES MATIÈRES.

PARIS

IMPRIMERIE JOUAUST, RUE SAINT HONORÉ, 338.

EN VENTE A LA MÊME LIBRAIRIE

26, RUE JACOB, 26

DU MÊME AUTEUR :

De la liberté des ventes aux enchères. 1 vol. in-12, 3e édition. Prix. . . . . 3 fr.

Les Libre-Échangistes et les Protectionistes conciliés. Un fort vol. in-8, 2e édition. Prix : 5 fr.

Catéchisme de l'Économie politique. 3e édition. Un fort volume in-12. . . . . 3 fr. 50

Le Bien-Être pour les Travailleurs. 4e édition du *Catéchisme de l'Économie politique* (édition populaire). Prix. . . . . 1 fr.

Discours à la Société internationale ouvrière sur les salaires et la durée du travail journalier. Prix : 50 c.

Paris, imprimerie Jouaust, rue Saint-Honoré, 338.

www.ingramcontent.com/pod-product-compliance
Ingram Content Group UK Ltd.
Pitfield, Milton Keynes, MK11 3LW, UK
UKHW012021240726
13965UKWH00002B/498

9 782012 99494